ちくま新書

モンゴル人の中国革命

楊海英
Yang Haiying

1364

モンゴル人の中国革命【目次】

プロローグ

†日本刀での処刑

人民解放軍の若者が握っていた日本刀はモンゴルの青空に美しい円弧を描くように光った。その瞬間、鮮血が黄色い沙漠を赤く染めた。まわりに立っていたモンゴル人遊牧民の間から小さな溜息が漏れたのと対照的に、中国人幹部たちは大きな歓声をあげた。若者は右手で日本刀を軽く振って刃に付いていた血糊を落とし、ポケットから紺色のシルクを取り出して丁寧に拭いた。沙丘に生えていた緑の草の先端に散った血は黒く変色しながら固まりつつ、根元へと垂れている。「牧草の栄養分になる」、と若者は思った。

「小《ショー》バートルは本当に良い男だ。首が飛ぶまで顔色一つ変えなかった」

「お前も英雄《バートル》を切ったから、これからは出世するな」

と戦友たちは若者の肩を叩いてねぎらった。みんな腰から日本刀を吊るし、ぴかぴかに磨きあげた黒い軍靴を履いている。彼らは中国人民解放軍騎兵第五師団のモンゴル人兵士たちである。

「良い男にして英雄《バートル》であることは、おれの方が知っている」

と若者は思った。彼は日本刀の感触からそう体得していた。牢屋から連れ出して沙漠へ連行した際も、彼はずっと談笑していた。ユーラシアの遊牧世界の古い習慣に即して差し出されたた「旅立ちの食」を美味しそうに平らげてから、「おれはすぐに生まれ変わって、二十年後にはまたこの草原の英雄になる」と話してみんなを笑わせた。「旅立ちの食」は新鮮な羊肉の塩ゆでで、ほんの少し、沙漠に生える野生の葱を香辛料として加えたものだった。

「今年は酷い旱魃になる。おれの血が雨となってモンゴル草原に降り続ければ、家畜も肥える」

と男は最後に言い残した。呪いなのか、祝詞《のりと》なのかは、不明だ。

「その通りになれよ」

と若者も正直にそう思った。モンゴルでは、天幕を訪ねてきた客人は主人一家の幸せを願う祝詞を述べる。主人もまた客をもてなし、祝福し合う。切られた男はモンゴルの繁栄を祈願しているのか、それとも新しい征服者の中国人に呪いをかけているのかは、分からない。

これは、一九五一年春に、モンゴルのオルドス高原で演じられた一幕である。男の名は小《ショー》バートルで、「小さな英雄」との意である。

「次は銃殺だ」

と人民解放軍の中国人政治委員は高らかに宣言する。

背の高い、やや顔の黒い男が連れて来られた。美男子である。一列に並んだ兵士十人が一斉に引き金を引いた。男は銃声と共に沙漠に倒れたが、まだ絶命していない。

「仏像を外せ」

と人民解放軍の政治委員は命令する。一人の中国人兵士が男のポケットから小さな仏像を取り出し、胸にとどめの銃剣を差し込むと、男は動かなくなった。

仏像を身に着けていた男は、トブシンジャラガルという。しかし、草原では彼のモンゴル名よりも、賀永禄《ホーユンルー》という中国名の方が知られている。彼は日本の陸軍士官学校を卒業しており、日本刀での処刑を希望していたが、銃殺を命じられた。

処刑の場所は内モンゴルの西、オルドス高原のウーシン旗《ホシヨー》政府所在地のダブチャクである（地図1、2）。旗とは、十七世紀の清朝時代から続いてきた遊牧民の軍事・行政の組織名である。小バートルを日本刀で切った若者は、中国人民解放軍内モンゴル軍区騎兵第五師団第十四連隊の秘書だった。小バートルはウーシン旗モンゴル軍第二大隊長で、賀永禄ことトブシンジャラガルは同軍の参謀長だった。

ウラーンホト
（王爺廟）
東ウジュムチン
シリーンゴル盟
西ウジュムチン
自治邦
貝子廟（アバガ）
スニト左旗
スニト右旗
林西
満洲国
チャハル盟
多倫
ウラーンハダ
（赤峰）
徳化
宝昌
商都
康保
張北
遠）
平地泉
尚義
張家口
承徳
豊鎮
宣化
大同
陽高
察南
山海関
晋
北
北京
朔県
天津
山西省
中華民国
太原

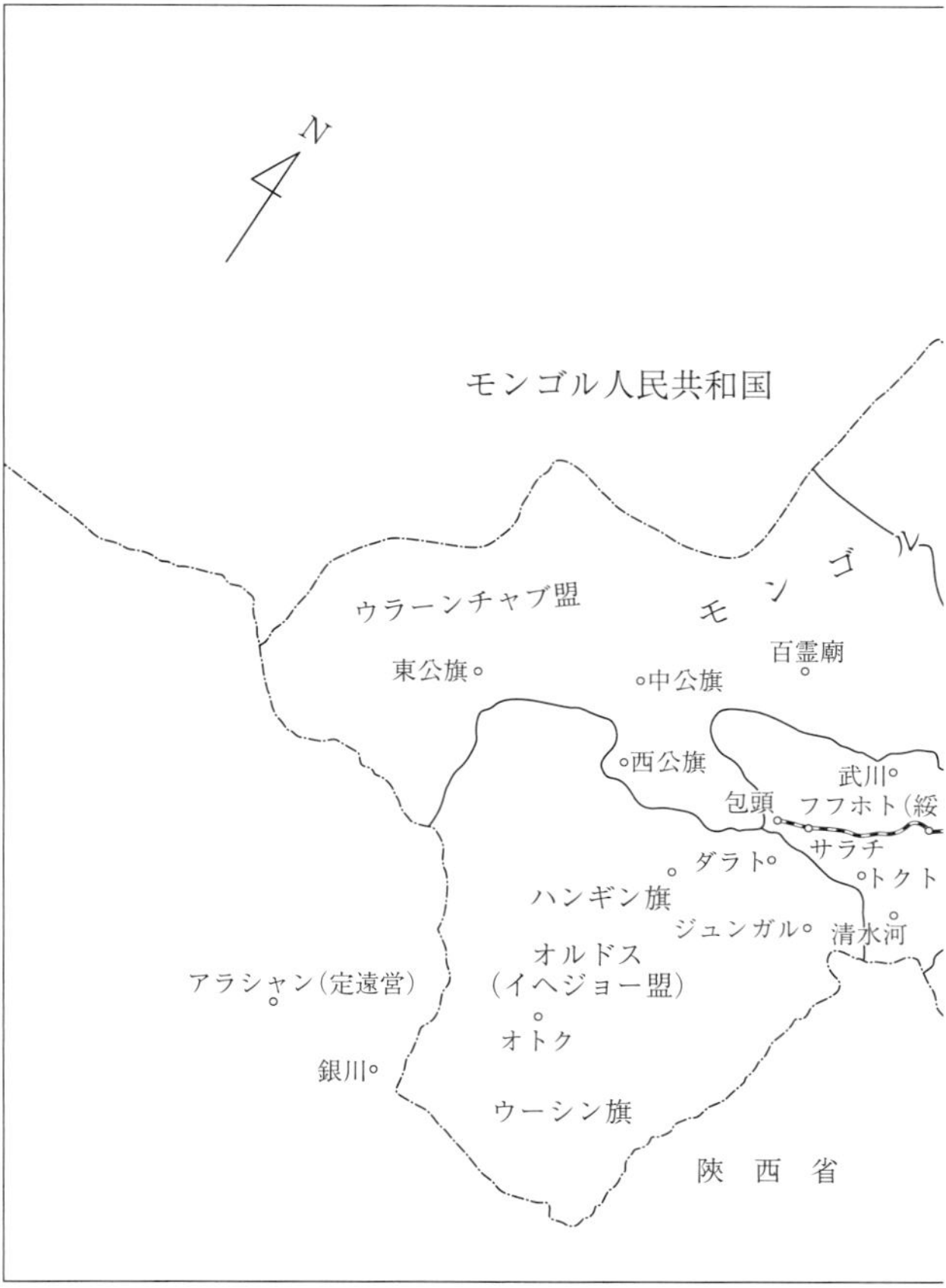

地図１　モンゴル自治邦政権期の南モンゴル

包頭
ウラーンチャブ盟
黄河
フフホト(綏遠)
ダラト旗
黄河
シャグジャムニ
清水河
東勝
ジュンガル旗
ジュンワン旗
ジャサク旗
八白宮
蒙政会
ウラーン・ムレン河
タマガライ王府
府谷
朔県
ダブチャク王府
ウーシン旗
山西省
トンガラク河
楡林城
ハリュート河
ムホル河
シャラスンゴル河
(無定河)
バガ・シベル
陝西省

地図2　オルドス高原と中華民国

†満洲国軍に辿るモンゴル騎兵のルーツ

騎兵第五師団は満洲国のモンゴル人部隊、興安軍にルーツを求めることができる。

満洲国は日本の主導で一九三二年三月一日に誕生したが、国土の約三分の一をモンゴル人の草原が占めていた。日本はモンゴル人の自治を許し、域内を走る大興安嶺山脈の名を取って、興安総省を設置した。自治をおこなうモンゴル人は独自の騎馬軍、興安軍を擁して一大勢力を成していた。二年後の一九三四年にはまた満洲国軍の幹部養成機関、興安軍官学校も創設された。興安軍官学校から卒業した優秀な青年たちはさらに日本国内の陸軍士官学校に留学した(写真1)。

日本はその後、大興安嶺を西へと越えて南(内)モンゴルの中西部、シリーンゴル草原に進出した。中西部モンゴルの遊牧民たちは徳王(デムチュクドンロブ王、一九〇二〜六六)という指導者の元に結集し、モンゴル軍政府やモンゴル連盟自治政府、モンゴル自治邦といった組織を結成した。どちらも日本軍の力を借りて、中国からの独立を目指す自治政府だった。徳王もまた一九四〇年にモンゴル軍幼年学校を開いて、青少年を受け入れていた。

遊牧民のモンゴルは尚武の民族である。興安軍官学校もモンゴル軍幼年学校もすべて日本式の近代的な軍事教育をモンゴル人に徹底的に叩き込んでいたので、勇猛果敢な戦士たちが草原

写真1　満洲国から日本の陸軍士官学校に留学していたモンゴル人たち（靖国神社偕行文庫）

から育っていった。彼らは伝統的な騎馬軍の優勢を日本式の重火器と結びつけたことで、優れた戦闘力を誇り、日本軍と共に北部中国（華北）の攻略で数々の戦功を立てた。

日本が一九四五年八月にモンゴル草原から撤退して列島に帰る際に、モンゴル人に二つの近代国家を残した。満洲国とモンゴル自治邦だ。この二つの国家のモンゴル人たちは近代的な軍隊を五個の騎兵師団に改編して、独立建国ないしはモンゴル人民共和国との統一を目指した。

しかし、対日参戦と戦後処理でソ連とイギリス、それにアメリカは一九四五年二月に秘密の「ヤルタ協定」を交わしていた。この秘密協定で南モンゴルを中国に占領させ、北方四島をソ連に引き渡す、と取引されていた。

写真２　興安軍官学校生の訓練風景（騎哨）

裏取引の産物、「ヤルタ協定」が発動された結果、南モンゴルのモンゴル人は独立できなかった。彼らが擁していた五個の騎兵師団も中国の国民党と共産党が主役を演じる内戦に巻き込まれて分裂した（楊海英『日本陸軍とモンゴル』）。

国共内戦の結果、一九四九年十月一日に中国人の中華人民共和国が現れた。騎兵五個師団も内モンゴル人民自衛軍、内モンゴル人民解放軍などの改名を経て、中国人民解放軍に吸収合併される。中国人民解放軍騎兵第五師団になっても、小隊長以上の幹部はほとんど旧満洲国の興安軍出身者からなっていたし、中隊長クラスは基本的に興安軍官学校か日本陸軍士官学校の卒業生が占めていた（写真2）。ただし、中隊の政治指導員と連隊の政治委員といった思想教育を担当する者は基本的に中国人ばかりだった。共産党の八路軍から派遣されてきた人たちで、モンゴル人の民族主義的な思想と行動に目を光らせ、監視する役を担っていた。作戦以外は、実権はすべて中国人に握られていた。これが、一九四五年秋以降のモンゴル軍の実態である。

†日本刀の中国革命

騎兵第五師団のモンゴル人の若者も、中国人政治委員の命令にしたがって、同じ民族のモンゴル人の英雄を日本刀で処刑したのである。中国人政治委員が実権を把握していても、軍隊の実働はまだ日本式の近代戦術を維持していたので、モンゴルの若き兵士たちもみな、日本刀を吊るしていた。兵士たちが日本刀で武装していたことと、指揮官たちが日本語を操り、日本語の「騎兵操典」をポケットに入れて、日本語で作戦命令を作成していた事実から、「内モンゴルのモンゴル軍は実質上、日本軍だ」と見なされていた（楊海英『チベットに舞う日本刀』）。「日本刀を吊るした奴ら（挎洋刀的《グアーヤントータ》）」

これは、中国人がモンゴル軍の指導者や日本に留学した経験のある知的な人物を呼ぶ時に使う、蔑称である。しかし、モンゴル人の青年たちにとっては、むしろ羨望の的だった。「日本刀を吊るした奴ら」は満洲国やモンゴル自治邦といった南モンゴル東部と中部の出身者からなる。オルドス高原は南モンゴルの西部に位置し、日本的近代化の洗礼を直接浴びたことはなかったので、「日本刀を吊るした奴ら」も少なかった。だから、青年たちは余計、「日本刀を吊るしたい」と憧れていた。小英雄《バートル》を切った若者もオルドスの生まれだ。彼は満洲国軍やモンゴル自治邦の軍人として中国人と戦ったことはない。しかし、彼は中国人民解放軍騎兵第五師団の一兵士として、同じモンゴル人と戦い、同じ草原に生まれ育った同胞を日本刀で切った。

「おれは、あの英雄を日本刀で切った。シルクで刃を拭いた時に初めて、日本刀に帰依した」

と若者は戦友たちに感想を語る。

あの日の処刑以来、「日本刀を吊るした奴ら」に対する若者の尊崇の念は一段と強まった。

「これからは共産主義革命の戦士として、ずっと日本刀を振り回そう」、と若者は決心した。

若者は、日本刀を使いこなせる優秀な戦士であるだけではなかった。彼は中国共産党が作った特別な学校、延安民族学院を出ていたので、「毛並みの良い少数民族の大学生」と見られていたので、連隊長の秘書に任命されていた。中国共産党からすれば、日本式近代教育を受けた連隊長よりも、自陣の延安民族学院の卒業生の方が信頼できる。だから、彼を育成しようとして、「反革命分子」の処刑を任せたのである。「反革命分子の処刑は光栄な革命的な任務」だと位置づけられていたが、実際は新兵の肝試しに過ぎない。

「捕虜や反革命分子の処刑は新兵にやらせる」

「食堂から特別な炒め物を出されたら、みんなで箸をつける。処刑された者の肝だとすぐに分かる。肝を食えば、勇気が付く、と中国人は信じているから、そうした信仰を中国共産党の政治委員たちがモンゴル軍に持ち込んだ」

と若者は証言する。

もっとも、彼がこのように回顧していた頃にはすでに高齢に達していた。彼は中国国防大学に推薦入学の予定だった。内モンゴルの騎兵から推薦されて、中国国防大学に入る予定の若い兵士はたったの三名だった。しかし、「思想と出身、そして仕事ぶりの三つを精査する」という「三査運動」の結果、彼は不合格と判定された。仕事ぶりは良かったが、「搾取階級の出身で、民族主義の思想が濃厚だった」点が問題視された。オルドス西部の裕福な牧畜民の家庭に生まれ、先祖代々、ウーシン旗政府の役人だったので、「民族主義的思想の深層に封建的な搾取階級の哲学が見え隠れしている」と中国人政治委員たちに見破られた。一九五六年末に、若者は除隊されて故郷に帰って、牧畜民として暮らした。すべての草原の民と同じように、彼はいつも、周囲の人々と共に、往昔の歴史について語らい合った。

私は小さい時から、彼らの語りを聞いて育った。

本書は、日本刀で同じ民族の同胞を切った人たちの歴史である。なぜ、東洋の島国の日本刀がユーラシアのモンゴル草原に伝わったのか。モンゴル人たちはどのように近代に目覚め、いかなる自決運動、共産革命を発動したのか。

モンゴル人だけではない。隣の中国人もロシア人も共産主義運動を進めていた。彼らは成功し、モンゴル人の一部を呑み込んで中華人民共和国が成立した。草原の民はまたどんな歴史を辿って、中国革命と連動していたのか。

いうまでもなく、モンゴル人の歴史は決して他人の革命の一部、それも「中国革命の一部」ではない。モンゴル人自身も共産革命を通して民族の自決を実現しようとしてきた。二十世紀の全世界の歴史にモンゴル人も日本人や中国人と共に身を投じていたのである。

†世界史の中のオルドス

本書の主な舞台は南モンゴルの最南端、オルドス高原である。

なぜ、オルドスなのか。オルドスはモンゴル高原やユーラシア大陸の遊牧民にとって、中国の農耕民政権と対峙する最前線であり続けた。オルドスを掌中に収めれば、遊牧文明は勃興する。この地を失えば、政治は衰退する。

最も典型的な事例を二つ挙げよう。

紀元前二〇九年、匈奴《きょうど》の冒頓単于《ぼくとつぜんう》が今のオルドスから立ち上がって遊牧の民を統合し、東に東胡を討ち、西に月氏を放逐し、そして南下して漢王朝を征服しようとした。匈奴は漢王朝を属国にし、長期にわたってコントロールしてから緩やかにユーラシア大陸の西へと移動していった。そして、彼らの一部はさまざまな遊牧民と融合しながら東ローマ帝国を滅亡に導き、西方の草原に溶け込んでいった（沢田勲『匈奴』）。

光陰が過ぎて六世紀になると、今度は突厥《テュルク》系の遊牧民がモンゴル高原からユーラシア東部にかけての草原地帯の主人公に代わった。日本人が憧れる唐王朝は実際、建国当初は突厥第一帝国の属国だった。七世紀前半に突厥は一時的に唐王朝に臣服するが、六八二年にふたたび王朝を打ち建てるのに成功する。いわゆる突厥第二帝国である。この再興した突厥第二帝国は、今日のオルドス高原を拠点としていた突厥の貴族たちと、中央アジアから移住してきていたソグド系の人々が一致団結して建立したものである。

オルドスは、南は唐の都長安に近く、北は黄河を渡ればモンゴル高原に入る。オルドス高原から東に下っていけば、山西省を経由して北京に到達できる。西へ馬を駆って走れば、そのままシルクロードを押さえることができるので、まさに軍事の要衝であった（森安孝夫『シルクロードと唐帝国』）。このように、オルドス高原は地政学的にもユーラシア史の中で重要な位置を占めてきたことが分かる。

近現代に入ってから、オルドス高原の地政学上の重要性は一層高まった。日本が南モンゴルを東から西へと、満洲平野からシリーンゴル草原まで占拠して満洲国とモンゴル自治邦という二つの国家を創った時も、オルドスだけは攻め落とせなかった。一九三七年十月十六日に、日本軍と徳王のモンゴル軍が合同で西へ進軍し、包頭を陥落させた（写真3）。日本軍の先鋒、酒《さか》

写真３　包頭を占領した日本軍とモンゴル軍（『光輝』より）

井《い》鎬次《こうじ》少将率いる機械師団が黄河の畔に到達した際、師団長は連綿と連なるオルドスの沙漠を眺めて、「これ以上は無理だ」と吐き捨てて軍を退かせたというエピソードがある。

日本軍は結局、包頭から西へ進まなかったので、オルドスは中華民国領内の唯一の、「抗日モンゴル」となった。その他のモンゴル人地域はほとんど日本の支配下に入っていたのとは、対照的である。となると、オルドスのモンゴル人を国民党指導下の抗日の陣営にとどめておくことが、中華民国政府にとって、重要な政治的課題となる。当然、日本軍も大半のモンゴル人集団を満洲国や徳王政権に組み込んだので、残りのオルドスのモンゴル人を勧誘する必要性も出てきたのである。

中国共産党にとっても、オルドスはその死活を左右する重要な地であった。毛沢東に率いられた紅軍は一九三五年十月に陝西省北部の寒村、延安に落ちてきた。彼らは不名誉な逃亡を「北上抗日」や「長征」との美談に作り変えてから、延安周辺を「革命根拠地」と呼んだ。この革命根拠地はまさに万里の長城を挟んでオルドス高原と連なっている。

毛沢東が南国の江西省から逃げ出して、四川省西部のチベット人地帯を通過し、甘粛と青海省の東部のイスラーム地域を横断して陝西省北部に闖入《ちんにゅう》するルートは、「遊牧民の道」である。正確にいえば、モンゴル高原の遊牧民が中原を征服する際の進軍路線の一つである。最も有名な作戦を決行したのはモンゴルで、チンギス・ハーンの孫ムンケ・ハーンとフビライ・ハーン兄弟もこの「遊牧民の道」を利用して南に進んで雲南を攻め落とし、それから迂回して南宋を攻略し、最終的に大元王朝を創立した。毛沢東はいわば、十三世紀のモンゴル軍の道を遡上して成功し、国民政府（国民党中央政府）軍の掃討包囲網を突破できたのである（楊海英『モンゴルとイスラーム的中国』）。

毛沢東が盤踞した延安は、中国の中でもトップに入るくらいの極貧地帯である。極貧地帯には大軍を養える食料も金銭も、人的資源もない。それでも、毛沢東の共産党を生き永らえさせただけでなく、政権まで取らせたのは、豊かなオルドス高原があったからである。オルドス高原から産出される豊富な塩と羊毛、そしてアヘンが紅軍を養っていた。もっとも、アヘンはモンゴル人が昔から作っていたのではなく、中国共産党が南国から持ち込んで栽培し始めたものである。国民政府軍が前線で日本軍と死闘を繰り返していた頃も、毛沢東の八路軍は延安で歌とダンスに興じ、大都会から共産主義に憧れてやってきた若い女性を抱いて楽しんでいた（何方『従延安一路走来的反思』上・下）。

中国共産党は僻地延安を根拠地にしながら、オルドスのモンゴル人と接触し、彼らがいうところの「少数民族政策」を密室で練り上げた。そして、延安民族学院という学校を設置し、大勢の対少数民族の幹部を育てた。一九四五年に日本がユーラシア大陸から撤退した後に、国共内戦を一気に有利に進めることができたのには、いくつもの要因があるだろうが、オルドス高原を含めた「革命根拠地」での静養と豊富な物的、人的資源の補充、そして対少数民族政策の奏功なども勝因であったことは間違いない。本書はこのような視点に立ち、オルドス高原のモンゴル人の立場から近現代の革命史の変遷を描こうとしている。

†伝統と革命の間

モンゴルは古《いにしえ》の匈奴や突厥と同じように、さまざまな部族から成っている。これらの部族は清朝時代から特定の草原に固定され、半ば地域集団と化した。言い換えれば、地域ごとに異なる精神文化を有するように変わった。どの集団もみなチンギス・ハーンを民族共通の祖先と見なし、方言の差こそありながらもすぐに通じ合う言葉を操る。宗教の面では均しくチベットから伝わった仏教を信じながらも、日常生活の中では古くからのシャーマニズムの慣習を色濃く残していた。

遊牧民は農耕民と異なり、独立精神が強い。限られた土地を大勢の農民が共同で耕し、水利施設をコミュニティの力で運営する農耕世界は、成員の団結と協調性を重視する。これに対し、遊牧民は大草原に一戸一戸が遠く離れて暮らしており、何よりも他者からの干渉を忌み嫌い、独立精神を貴ぶ。農耕社会では、たとえ地主や村の長が無能でも有力な家臣団が農民たちをまとめて地域社会を維持する。

一方、草原では本当にカリスマ性や人格に優れた指導者が現れない限り、分散していた遊牧民を糾合することは至極、困難である。匈奴の冒頓単于や突厥の可汗《かがん》、そしてモンゴルのハーンたちも優れた人物だった頃には中国を征服できたが、逆の場合は臣下を称するしかなかった。本書の主人公たちもこのようなユーラシアの遊牧民たちの精神性を維持したまま、中国革命と関わった。

モンゴルの諸集団の中で、国際共産主義革命と最も強く結ばれていたのは、オルドスのモンゴル人である。一九二五年十月にモンゴル人の民族主義政党、内モンゴル人民革命党が長城の要塞、張家口《ハールガ》で成立してまもなく、同党の武装勢力である内モンゴル人民革命軍第十二連隊（団）は包頭《パオトウ》経由でオルドス高原に進駐し、西部のウーシン旗に駐屯した。同党はモンゴル人民共和国の政権党、モンゴル人民革命党の姉妹党であった。そのため、前の年に誕生したばかりのモンゴル人民共和国はラハムジャブら二名の幹部をオルドスに派遣して、共産主義革命を指導していた。オルドスと隣接する陝西省の共産党もコミンテルンの指導下にあったことから、モンゴル人を通してウランバートルと連絡し合っていた。

オルドスのモンゴル人はまた、中国共産党とも早くから、強い関係を構築した部族である。一九三五年秋に毛沢東らが中国南方から陝西省北部に逃亡してくると、極貧の延安の北に共産主義運動の成熟した草原があるのに気付いた。そこで、中国共産党はただちにオルドスへの進出を強化し、その人的・物的資源を吸い上げて延安の割拠地を支える方策を取った(『烏審旗史志資料』第三輯)。

†礼節と宮廷文化

共産主義に著しく傾斜していったオルドスのモンゴル人であるが、彼らはどんな人々だったのだろうか。

オルドスは、十三世紀頃から民族の開祖、チンギス・ハーンを祭ってきた集団である。オルドとは、遊牧民の君主の天幕式の宮殿を指す。生前の宮帳はたいてい、死後に本人を祭る祭殿に変わる(写真4)。オルドスとは、オルドの複数形で、チンギス・ハーンだけでなく、その后たちや息子たち、それに武将らをも祭ってきた、多数の祭殿群を意味する。祭殿の一部はもともと元朝の都大都(現北京)に置かれ、国家祭祀として位置づけられていた。元朝が滅び、モンゴル人たちがふたたび草原に戻ってからも、大ハーンの即位の礼は必ず、チンギス・ハーンの祭殿前でおこなわれてきた。内外モンゴルのさまざまな集団はほぼ例外なく皆チンギス・ハーンの直系子孫たちに統率されてきたが、彼らは年に一回、オルドス高原のチンギス・ハーン祭殿に代表を送って、祭祀活動に参列しなければならなかった。

写真4　チンギス・ハーンの末っ子、トロイを祭った祭殿。その祭祀者たちもまた革命運動に参加した。

チンギス・ハーン祭殿は、全モンゴルの精神的な存在である。その祭祀活動に携わる人々は全モンゴルの各集団内の名望家から集められた者からなる。そのため、彼らは他の集団よりも誇り高く、歴史と名誉を重んじる気持ちが強い。

オルドスのモンゴル人にとって、チンギス・ハーンはとても身近な存在である。十七世紀以降、この地からは多くの年代記が生まれ、モンゴル人はみんなそれを読んでいる。年に複数回にわたって実施されるチンギス・ハーンの祭祀においても、モンゴルの歴史を体系的に語る儀式がある。年代記にどっぷり浸かり、祭祀活動に何回も参加することで、人々にはみな歴史に殉教しようとする意識が自ずと芽生えてくる。

モンゴル民族はまた何よりも礼節《ヨソン》と名誉《ネル》を大事にする。子どもは小さい時から礼節と名誉を守るよう叩き込まれて育つ。オルドスのモンゴル人は礼節と名誉に加えて、古くから維持してきた宮廷文化に拘る。

一例を挙げよう。

オルドス高原の年間降雨量は百五十ミリ前後だ。夏の沙漠地帯の気温は摂氏四十度にも達することがある。このような炎天下で誰かの家に入ったら、水をがぶ飲みしたくなるのが、人間の常であろう。しかし、オルドスのモンゴル人は決してそうはしない。彼らは重箱形式のタンスの中から初々しく茶碗を出して、数十個の炒ったキビとほんの少量の茶を注いでから客に出す。文字通り、一口で飲むにしても足りないくらいの微量であるが、それでも客は丁寧に挨拶をしながら、時間をかけて嗜まなければならない。およそ三十分程度経ってから、今度は贈り物を交換し、来意を伝えてから、本格的な茶と食事になる。今度こそ、茶碗一杯に満たされた茶を豪快に飲んでいい。私は子供の頃、炎天下で旅をし、途中に入った民家で、最初の「礼節の茶《ヨソン・チャイ》」を一口で飲んでしまったことで、ひどく怒られたことを今も鮮明に覚えている。「子どもなので、いいよ」とは誰もかばってくれない。

オルドスでは、たとえ天幕内の台所から客人の前へと食事を運ぶ際でも、直接食器を両手で持たない。必ず重箱形式のケースに入れてから客の前に立つ。これも、元朝時代の宮廷文化の名残だと見られている（写真5）。

宮廷文化には儀礼と歌、そして踊りが欠かせない。儀礼はすべてシャーマニズムのしきたりで進められる。そのため、日常生活の中でも、呪術を信仰する。重大な政治活動の裏にはすべて、呪術的な儀礼が隠されていた。

写真５　オルドスのモンゴル人家庭内のタンス（上）。タンスの右上に重箱式の食器入れが見える（下）。

このような中世からの伝統が色濃く残る沙漠と草原に、十九世紀末に西洋からのキリスト教（カトリック）が伝わってきた。宣教師たちは地元のモンゴル人と最初は衝突し、少しずつ定着していった。あらゆる宗教に寛容の態度で臨む、という精神でヨーロッパからの新しい文化に接した。本書では、宣教師たちは直接登場しないが、カトリック関係者と接触し、開明的な生き方を貫いた貴族が活躍する。彼らは宣教師と中国共産党員の双方と交渉していた。

このように、オルドスのモンゴル人は宣教師たちを通してヨーロッパと繋がり、コミンテルンの工作員と付き合ってソ連とモンゴル人民共和国の社会主義思想に接していた。そして、万里の長城を挟んで毛沢東の中国共産党と交渉し、黄河を隔てて日本軍と対峙していたのである。オルドス高原は決して孤立した僻地ではなかった。まさに紀元前には匈奴の冒頓単于を勃興させ、七世紀には突厥を再起させた地であるが、冒頓と突厥の時代より、情勢は遥かに複雑になった。南には中国、北にはソ連、西はイスラーム世界、東は日本。このような近代的な国際関係の中に、オルドスのモンゴル人たちは立っていたのである。

本書の意義

本書はモンゴル人の革命史であるばかりでなく、モンゴル人の視点から見た中国革命史でもある。

南（内）モンゴルは中国の植民地であり続けた。

十九世紀末から中国人たちは片手に屠刀、もう片手に農機具を持って万里の長城を北へと越えてモンゴルの草原に侵入し、先住民の遊牧民を追い出して、農耕地を開拓しようとした。危機感を抱いたモンゴル人は蜂起し、失敗した後はモンゴル高原北部へと避難した。モンゴル高原北部の識者たちも覚醒し、ロシアの力を借りて部分的な独立を獲得した。一九一一年末に誕生したウルガ（現ウランバートル）の活仏《かつぶつ》、ジェプツンダムバ・ホトクを国家元首としたボグド・ハーン政権だ。しかし、南モンゴルは中国人軍閥に牛耳られて、独立政権に加わることを阻止された。

中国の植民地に転落した南モンゴルに日本軍が現れた際には、彼らが救世主に見えた。事実、多くの日本の軍人と政治家、それに知識人は「モンゴル独立」や「モンゴル民族の統一」といった、モンゴル人をわくわくさせる言葉を声高に唱えていた。モンゴル人は日本の力で中国から独立し、モンゴル高原北部と合流しようとしたが、日本はそれよりも満洲国の経営を優先とした。ここから、南モンゴルは中国と日本の二重の植民地とされたのである。

一九四五年八月に満洲国と南モンゴルの草原から日本軍を追い出したのはソ連とモンゴル人民共和国の連合軍である。モンゴル人民共和国は当時の南下作戦を「民族の解放と統一戦争」と位置付けていた。血肉を分け合った同胞たちを中国と日本の二重の植民地から解放しようとして、無数の若者が犠牲となった。しかし、先に触れた「ヤルタ協定」により、南モンゴルは中国領とされた。モンゴル人からすれば、片方の植民者の日本を放逐しただけで、もう片方の中国を永遠に残してしまったのである。

しかも、その中国は第二次世界大戦後に歴史の事実を修正し、ソ連とモンゴル人民共和国が日本軍を追放したのではなく、「偉大な中国共産党がモンゴル人を解放した」と強弁してきた。中国から出されたあらゆる書物がこのように、「中国共産党が解放したモンゴル史」をでっちあげている。事実は決してそうではない、と本書はモンゴル人がいかに中国共産党による併合に抵抗したかを詳細に述べている。ここに、本書の第一の意義が認められよう。

第二に、本書はまた中国共産党の別の側面を描き出している点に意義がある。毛沢東が一九三五年秋にオルドスと隣接し、事実上、オルドス南部と一体化していた陝西省北部に辿り着いてから、中国共産党の世界は一気に広がった。共産主義思想が伝わっていたオルドス高原を通れば、いつでもモンゴル人民共和国とソ連に逃亡できた。毛沢東は最初、延安から甘粛《かんしゅく》と新疆《しんきょう》を経由してソ連へのルートを打開しようと試みたが、紅軍西部軍団をイスラーム系の軍閥に消滅されて完全に失敗した。オルドスからウランバートルを経由してモスクワへと通ずる道が唯一の活路となった毛沢東は延安で静養し、日本軍とほとんど戦おうとしなかった。共産党の八路軍は機会さえあれば国民政府軍の抗日作戦を妨害し、彼らがいう「敵の後方根拠地」を静かに拡大していった。

いざ、日中戦争が終わると、毛沢東はすでにモンゴルなど少数民族の対策に習熟していたし、静養を重ねていた八路軍も同じ中国人相手なら何倍も戦えた。ここから、中国共産党は一気に反転攻勢を強め、全国規模で政権を掌握していった。本書は、抗日しなかった八路軍がどのように自らの勢力を蓄え、増大していったかを描写しているので、「共産党のもう一つの成功物語」を織りなそうとしている。

第三に、本書は中国革命の成功がそのままモンゴル人の受難を意味していることを明らかにする。

南モンゴルのモンゴル人たちは中国人の侵略を経験し、モンゴル高原北部の独立を眺めながら日本による植民地化に耐えた。一九四五年夏以降、ウランバートルは南モンゴルに対して国境を閉鎖したし、旧満洲国のモンゴル人たちはほとんど中国共産党に帰順した。中共に投降した旧満洲国のモンゴル人からなる騎兵はまるで禊を実施するかのように、中国人の先兵となり、手に握っていた日本刀を同胞のオルドスのモンゴル人の首に振り下ろした。南モンゴルの大半が中国共産党に占領されても、オルドスのモンゴル人だけは一九五〇年春に蜂起した。中華人民共和国が成立してから、実に半年も経っていた頃の決起である。いうまでもなく、北京政府はオルドスのモンゴル人の蜂起を「反革命分子の反乱」と呼ぶ。このような革命史観は、モンゴル人の精神性を圧殺しているし、中国革命の真実をも抹消している。

いち早く中国共産党と接触し、最後まで彼らと死闘を続けたのは、オルドスのモンゴル人たちである。そのため、オルドスの現代史はそのまま、モンゴル草原と中国革命との関係を表しているといえる。

革命史観の問題点はどこにあるのだろうか。

モンゴル高原北部の独立は決してロシアや日本の陰謀によるものではない。「日本の侵略」だけを語っても、満洲平野やモンゴル草原に暮らすモンゴル人の生き方は分からない。

中国共産党がモンゴル民族を解放したのではないし、モンゴル人もその「解放」を認めない。モンゴル人の民族自決はいまだに完遂していないし、中国革命は少数民族にとって、悪夢と悲劇でしかない。本書の主人公たちはそのような草原の歴史を創成している。

第一章

清朝は遠くなりにけり——雪花如意・蘆占魁・出口王仁三郎

†帰化城の満洲人

一九一二年秋のある晩。

一人の青年が漆黒の夜霧に紛れて、綏遠《すいえん》城の城壁から飛び降りて、北の草原へと急奔した。綏遠城の北に聳え立つハラグナ・ハン山（陰山）を越えると、草原はそのままモンゴル高原へと繋がる。ウルガこと今日のウランバートルへと通ずる隊商路を山西省からの中国人商人のキャラバンが行き来しており、それに紛れて北上した。数日後、ゴビ草原の北側に陣取っていた軍営の門に入った。青年の名は雪花如意で、ゴビ草原の軍営内には蘆占魁《ろせんかい》という男が待っていた。

雪花《せつか》如意《によい》。

まるで漢詩のような甘美な響きを有する名前の持主は、綏遠城に住む満洲人である。彼は同志の瑞寿《ずいじゅ》や文貴らと共に宗社党《そうしゃ》を作って清朝の復活を目指していたが、ことが失敗してしまい、城内から逃げ出して、モンゴル高原に駐屯していた中国人の蘆占魁の軍門をくぐったのである。

蘆占魁は中国人すなわち漢人であるが、その軍隊内の兵士たちは中国人もいれば、モンゴル人や満洲人もいた。何しろ、滅んだばかりの清朝の旧軍から成っていたので、多民族から成る混成軍であり、兵士たちの民族意識はまださほど熾烈なものになっていなかった。やがて、彼らは少しずつ、民族ごとに分裂していくのである。

モンゴル人は十七世紀に少しずつ、新興の満洲人に帰順し、一緒に長城を越えて中国本土に入り、征服王朝の清を打ち立てた。ゴビ草原を挟んで、南北モンゴルが相次いで清朝への服従を表明しても、蜂起は時折起こった。それに、アルタイ山脈の西に遊牧するモンゴル人は独自のジュンガル・ハーン国を建立し、ユーラシア大陸の西への要衝を抑えて、清朝の西進を阻んでいた。ジュンガル・ハーン国は天山以北の草原を本拠地としながらも、天山以南のテュルク系住民が住むオアシスをも支配下に置いて、繁栄していた。彼らは時々、アルタイ山脈の東に進み出て、清朝の根幹を脅かすような軍事行動を取っていた。

こうした危機と脅威に備えようとして、康熙《こうき》帝は一六九一年にハラグナ・ハン山脈の南麓に城を建てて、帰化城と名付けた。帰化との名には、モンゴル各部の来降を期待するとの希望が託されていたのだろう。

実は帰化城は、モンゴル人のアルタン・ハーンが一五七二年に造ったフフホトという都市をベースにして、拡張したものである。モンゴル語の年代記『アルタン＝ハーン伝』は次のように記述している。

高名な聖アルタン＝ハーンはこの水の申年にまた
失った大都になぞらえてフヘホタを思い描き
十二トゥメドの大オルスを集め指図して
比類なく巧みに作り整えようと同意して
ホルグナ＝ハンの南、ハトン＝ムレンの要の血に
驚嘆すべき美麗な八つの楼閣のある城と
玉の宮殿を匠に築いた次第はこのようであった。

（吉田順一ほか共訳注『「アルタン＝ハーン伝」訳注』）

このように、年代記に現れるフヘホタはすなわちフフホトで、ホルグナ＝ハン山はハラグナ・ハン山と発音するように変わった。ハトン＝ムレン（ゴル）とは、黄河のモンゴル名で、「后の河」との意である。モンゴル人は古くから山を男性に見立てて、「ハン」との名を付けて

写真６　現在のフフホト市の西北部に建つチベット仏教寺院内の石碑。1606年にアルタン・ハーンの後裔がチベットの高僧を招いて建立したもので、「大明金国」とは、「輝かしいアルタン＝ハーンの国」のシナ語訳である。

呼ぶし、河には「后《ハトン》」の尊称を与える。「青い都」を意味するフフホトは、父なるハルグナ・ハーン山と母なる黄河《ハトン》の間に立つ、草原の「遊牧都市」だった（包慕萍『モンゴルにおける都市建築史研究——遊牧と定住の重層都市フフホト』）。

アルタン・ハーンがフフホトを建設したのは十三世紀のモンゴル帝国の冬の都、大都の復元を意図していた。彼はチベット仏教をふたたびモンゴルに導入した事績で知られ、「モンゴルの中興」時代を支えた政治家の一人である（写真6）。アルタン・ハーンの力で草原に広がったチベット仏教はモンゴル文字と共に満洲人の間にも伝わっていった。聡明な満洲人はモンゴル文字を改良して自民族の文字に作り変えたし、敬虔な仏教徒にもなった。康熙帝は満洲語だけでなく、モンゴル語と中国語の造詣にも長けた人物だった。

康熙帝はジュンガル・ハーン国を部分的に服従させただけだった。彼の後継者の雍正《ようせい》帝と乾隆帝は引き続きアルタイ山脈以西への侵入を試みながら、フフホトをさらに拡大した。一七三九年夏、ついに古い帰化城の近くにもう一つの城が完成した。風流を好む乾隆帝はこれを綏遠城と呼び、以後、「帰化綏遠」という中華風の名前は専らモンゴル人に対して使われてきた。

モンゴル人は満洲人の最大の同盟者であると同時に、最強の脅威者でもあったから、綏遠城には将軍のポストが用意されていた。清朝全国で、将軍が駐屯する地は十三しかなかったので、いかに帰化城と綏遠城が重要であったかが分かる。

清朝は綏遠城に満洲八旗《はっき》と蒙古《モンゴル》八旗、それに漢軍八旗からなる軍隊、計九千九百九十九人を駐屯させた。八旗とは、満洲人が勃興した当初の勢力を成していた八つの部族である。部族ごとに正黄と正白、正紅と正藍、そして縁取りをした鑲黄《じょうこう》と鑲白、鑲紅と鑲藍の旗を有していた。八旗軍は民族的にはそれぞれ満洲人とモンゴル人、それに漢人からなるものの、みな「旗人《きじん》」と称した（杉山清彦『大清帝国の形成と八旗制』）。清朝時代を通して、旗人は貴族の身分であった。彼らは互いに通婚を重ね、次第に民族的にも満洲人化していった。

†清朝にとっての綏遠

草原の遊牧都市フフホトは、国際的にも重要な位置を占めていた。

北京からモンゴル高原、さらには新疆や中央ユーラシアに通じる駅站の道はどれもフフホトを通る。北京から出発して、長城の要塞張家口を出たキャラバンはフフホトで休息してモンゴ

写真７　フフホト市に残る綏遠将軍の邸宅

ル高原のウルガに入り、そこからシベリア南部のキャフタを経由してモスクワを目指す。清朝の茶と陶磁器、シルク等が西へ運ばれ、西方の香辛料と畜産品がラクダの背中に載せられて清朝の本土へともたらされる。現在、北京からモスクワへ通ずる国際列車のレールも基本的にラクダの足が踏み開いた道の上に敷かれている。

綏遠将軍は、モンゴル高原西部、ウリヤースタイに駐屯する軍隊と、山西省の大同と宣化の軍隊を非常時には発令して動かせた。南から北へ、西から東へと行き来する隊商にも目を光らせ、帝国の繁栄を支えてきた。清朝はこのようなフフホトこと帰化綏遠城を「塞外屏障」と呼んだ（写真7）。中国本土にとって、屏風であり、要塞であるとの意である。

清王朝にとって、屏風のように重要なフフホトには、かの西太后も一時、少女時代に過ごしたことがある。西太后は満洲人の貴族、イヘナラ（葉赫那拉）部の出身である。イヘナラとは、モンゴル語で「大いなる太陽」との意で、清朝社会には「イヘナラの呪い」という俗説があった。

伝説によると、建国の父ヌルハチがイヘナラ部を征服した際に、その首長は「我がイヘナラ部はたとえ一人の女の子でも残っていれば、必ずや清朝を滅ぼすだろう」と呪った。ヌルハチの後裔は先祖の教えを守り、イヘナラ部の娘を后に迎えることはなかったが、咸豊帝はその掟を破って、蘭児《ランアール》という娘を皇后にしてしまった。この蘭児こそ後の西太后で、彼女は一八四九年に父親の転勤に従って、帰綏道に移り住んだ。帰綏道とは、帰化綏遠のことである。

蘭児はこの草原の遊牧都市で三年間過ごした後、十五歳の時に北京に帰り、咸豊帝の后に選ばれた。いわゆる「イヘナラの呪い」は俗説に過ぎないが、ただ、彼女を生んだ部族がモンゴル系だったことは清王朝の多民族的出自を物語っている。宮廷に入った彼女は後に二十七歳になって大清帝国の権力を握った。そこから半世紀にわたって、一九〇八年に亡くなるまで最高権力者として君臨した(加藤徹『西太后』)。歴史はいつも、王朝滅亡時の権力者を悪人に仕立て上げて、すべての責任を擦り付けようとするので、西太后も長らく負のイメージで語られてきた。実際の彼女は、清朝の近代化を進め、現代中国の礎を固める役割を果たした。西欧列強と数十年にわたって接触したあげくに滅亡した全責任を、たった一人の女性のせいにしていいのだろうか。

清朝の滅亡は「イヘナラの呪い」が効いたわけではない。滅亡した清朝の権力を満洲人、いや旗人たちもそう簡単に新興の革命党《ガーミンタン》に渡そうとはしなかった。雪花如意もそのような一人であった。何しろ、ガーミン（革命）という言葉は満洲人とモンゴル人にとって、極悪の代名詞であり、すこぶるイメージが悪かったからである。

†負の概念としての革命

雪花如意の本名は富標《ふひょう》である。

彼の姓は知られていないが、満洲人は普段から名前だけを用いるので、姓が伝わらないこともある。彼は綏遠城に駐屯する満洲八旗軍の雲騎尉（将校）だった。日本の徳川時代とほぼ重なる大清帝国は太平な歳月が長く続くにつれ、各地に駐屯する兵力も次第に削減されてきた。一九一一年十月十日、日本の陸軍士官学校を出た中国人青年将校たちが南部の武昌で日本人浪人らの力を借りて騒乱を起こすと、各地に反乱が相次いだ。中国人は後にその騒ぎを辛亥革命と位置付けたが、綏遠城には計三千三百名の兵士が駐屯していた。そのうち、最も戦闘力がある満洲八旗と蒙古八旗の騎馬兵は二千名で、他は歩兵と漢軍八旗だった。

八旗兵は古いしきたりに従い、以下のような配置で綏遠城の守りを固めていた。

正白旗と鑲白旗——東門
正紅旗と鑲紅旗——西門

正黄旗と鑲黄旗——北門
正藍旗と鑲藍旗——南門

綏遠城内のこうした八旗軍の配備は、首都北京と完全に同じだった。

雲騎尉の雪花如意は、日本の陸軍士官学校を卒業した青年将校たちを重用し、軍の近代化を進めていた。彼の側近の索景斌《さくけいひん》と李春秀、それに明文達《めいぶんたつ》は満洲人で、白彦山はモンゴル人、王《おう》培煥《ばいかん》は漢人（中国人）で、みな陸軍士官学校を卒業してから駐綏遠の新軍の将校に任官していた。新軍とは、従来の八旗軍を新式、すなわち近代風に訓練しなおした軍隊を指す。

清朝の皇帝が一九一二年二月に退位し、権力を中国人の孫文に平和裡に禅譲して中華民国が現れた直後、雪花如意たちのような若き満洲人もしばらくは様子を見ていた。権力の座についた中国人が旧政権の旗人をどのように扱うか、見極めようとしていたからである。この間の一月上旬には山西省の閻錫山が革命軍を率いて陝西省北部を経由してオルドス高原に入り、一月十二日には綏遠城の北、約二百キロ離れた要、包頭を占領した（巻頭地図1）。北から南下して内モンゴル全体を占領する方法を取り、十五日には綏遠城の郊外に着いた。綏遠の将軍は新軍を前線に立てて、さらには地元のイスラーム教徒の回民の私兵二百名にも出動させて、山西省の革命軍を迎え撃った。二万人と号し、実際は六千人からなる革命軍を綏遠城の新旧両式の八旗軍兵士二千人は見事に粉砕し、彼らの最後の名誉ある軍功とした。

革命軍は孫文が唱える「韃虜を駆逐し、中華を回復する」という民族主義的なスローガンを掲げていた。そのため、この時期から、一九五〇年代半ば頃まで、「ガーミン」すなわち「革命」という言葉は韃虜たるモンゴル人や満洲人の言葉の中にも入り、動乱や騒乱、暴力を指す負の概念として定着した。いや、一九四九年に中華人民共和国が「ガーミン」の結晶として出現して数十年経ってからも、モンゴル人の心の奥からその負の一面が簡単には消えようとしなかった。私が小学生だった一九七〇年代に、「ガーミンのために、共産主義のために一生を捧げよう」と学校でスピーチしたりすると、年配の人たちは極端に嫌悪感を示した。とにかく、ガーミンという言葉の響きが悪い。美しさと教養がまったく感じ取れないのである。

†民族主義革命の暴力

辛亥革命は、中国人が進める民族主義の革命《ガーミン》で、彼らが建立した中華民国に満洲人とモンゴル人の市民としての席はなかった。

一方、北のモンゴル高原では一九一一年十二月二十九日にはすでにボグド・ハーン政権が誕生していた。モンゴル人が独立して民族国家を樹立したので、モンゴル西部のホブドに駐屯していた満洲人将軍で、参賛大臣の秀英と、タルバガタイ領隊の栄昌《えいしょう》らも綏遠に帰っていた。二人とも綏遠城出身の旗人である。彼らは親友の雪花如意と協議を重ね、綏遠独立を宣言し、モンゴル人の国家、すなわちボグド・ハーン政権に合流しようと計画した。中国人の民族主義者たちが「韃虜を駆逐し、中華を回復する」という排外主義を標榜していた時期において、当然の選択である。

草原の遊牧都市の若き満洲人を清朝の旧臣たちも支持した。その代表的な人物が粛親王である。粛親王と雪花如意の間を行き来していたのが、陸軍士官学校を出た王培煥である。粛親王はさらに日本人の国士、川島浪速《なにわ》とも親交していた。粛親王の娘の一人を川島浪速は日本に連れて帰って育て上げ、後に一世を風靡する「男装の麗人」川島芳子になる。粛親王と川島浪速は満洲人貴族らからなる宗社党の政治活動を支え、清朝の復活を夢見ていたのである。

雪花如意とホブド参賛大臣の秀英、それにタルバガタイ領隊の栄昌らを大きく刺激したのは、一九一一年十月二十二日に陝西省の省都西安で発生した満洲人大量虐殺事件である。南国武昌での暴動を受けて、西安でも中国人からなる新軍は革命軍と称して反乱を起こした。彼らがいうガーミンとは、満洲人とモンゴル人を支配の座から追放するだけで、体系的な思想も国家建設の理念も皆無だった。

西安の新軍には中国人の秘密組織で、白蓮教の系統を汲む哥老会《ガルーホイ》が深く浸透していた。哥老会は満洲人を追放して、中国人の大明王朝の復活を目指す秘密結社で、厳しい弾圧を潜り抜けてきた組織である。その哥老会が牛耳る新軍が西安の満城に突入し、女性や子供にも容赦なく、徹底的な虐殺を働いた（写真8）。ある宣教師の記録によると、犠牲者数は一万二千人に達するという。そのニュースが、少し遅れて草原の綏遠城に伝わってきた時に、雪花如意とその同志たちは中華民国に絶望したのである。今日でも、モンゴル人と満洲人はガルーホイ（哥老会）という言葉を聞いただけで、震えるほど、その暴力的な一面は完全に定着している。

写真8　清朝末期の義和団が満洲人を処刑している中国の演劇。義和団も白蓮教と親縁関係にあった。「反清滅洋」すなわち清朝を倒して西洋を滅亡させようとのスローガンを掲げていた。

雪花如意たちの武装蜂起は失敗した。八旗軍内の保守派が中華民国に寝返り、青年将校たちは全員逮捕された。綏遠城の上から草原へと飛び降りた雪花如意だけが、蘆占魁の軍門に入って弾圧から逃れた。かくして、満洲人青年貴族たちのモンゴルとの合流も夢半ばにして頓挫した。今日でも、雪花如意たちが一九一二年秋に発動した未遂の蜂起は、「中国人の極端な民族主義的運動、韃虜を駆逐し、中華を回復するとの思想に抵抗した正義の行動だ」と満洲人たちは理解している（佟靖仁・鴻飛・鴻霞『塞北新城的満族』）。ついでに指摘しておくが、日本では進歩主義の史観に立った辛亥革命史研究が盛んであるが、中国人が満洲人に暴力を働いた側面はなぜか、忌避されているようである。その意味で、日本の中国研究はきわめて政治的である。

†辺境の馬賊

盧占魁は中国人でありながら、モンゴルの草原に軍を擁していたのは、なぜだろうか。

盧占魁は綏遠の南、豊鎮《ほうちん》近郊の隆盛荘《りゅうせいそう》の人で、馬賊だった。彼は字を耀成とし、地元では運子と呼ばれていた。山西省から内モンゴルに侵入してきた中国人たちは、平時は農民として田畑を耕す。動乱になると、瞬時に匪賊に変身する。清朝が倒れると、豊鎮の男たちは地元に駐屯していた匯軍《わいぐん》の敗残兵と共に馬賊を編成した。一九一三年に入って、綏遠に駐屯する中華民国の新軍の掃討を受けると、馬賊軍団は相次いで避難してモンゴル高原に移動した。

同じ一九一三年一月頃から、モンゴル高原のボグド・ハーン政権は五路の軍隊を南に向けて派遣し、内モンゴルの同胞たちを解放して民族の統一を実現しようとした。遠征軍を率いていたのは、日ロ戦争時に日本軍の挺身隊を先導した馬隊の指導者、かのバボージャブ将軍とハイシャン公、それにトクトホ・タイジらだった。破竹の勢いで南進を続けるモンゴル軍を前にして、中華民国の軍隊は無能だった。五路の軍のうち、中央軍が綏遠の北東に迫った時に、軍営に撤退の命令が届いた。中国政府がロシアを動かして、ボグド・ハーン政権に撤兵の圧力をかけたからだ。民族の解放と統一が実現しようとしたその瞬間の撤退の命令を前線の兵士たちは涙を呑んで受け入れ、手綱を引いて戦馬を止めた。

実は、その前の一九一二年七月に、ロシアと日本は第三回協商を重ねて、「内モンゴルの東部における日本の特殊な権益を認め、西部とモンゴル高原をロシアの勢力範囲とする」裏取引をおこなっていた。モンゴルの統一は中国だけでなく、日本やロシアの「権益」をも損なうということで、民族解放の軍隊にストップがかかったのである（楊海英『日本陸軍とモンゴル』）。蘆占魁の馬賊軍はこのような時に、南進するモンゴル軍と呼応したり、場合によっては摩擦を起こしたりしていた。

蘆占魁には確固たる民族的なアイデンティティはなかった。

清朝北部の中国人は歴史的にずっと遊牧民と混血を重ねてきた。万里の長城の南側の勢力が強くなれば、彼らは中原の一員になる。逆にモンゴル高原の政権が勃興してくると、彼らは遊牧民の先導役として中国本土になだれ込む。そのため、アメリカの「歩く歴史家」オーウェン・ラティモアはこのような中国人を「辺境の貯水池」と呼んだ（Owen Lattimore, Origins of the Great Wall of China）。堰を切ったダムの水のようにどちらに向けて奔流するかは、時勢による。蘆占魁はまさに「辺境の貯水池内のドラゴン」だった。

馬賊のボスになるには、カリスマ性が欠かせない。

蘆占魁も外見はきわめて平凡で、その上、極端に口下手だった。ある時、暗殺しようとした部下が背後から銃を撃ち、蘆占魁の帽子が飛ばされた。裏切者は普通その場で射殺されるが、蘆占魁は笑いながら、「まだ鉄砲の使い方が分からないのか。気を付けろよ」と言っただけだった。以後、その暗殺者は忠実な部下に変わった。馬賊を率いる者にはまた公平性が必要で、略奪した財物を均等に部下に分け与えなければならない。蘆占魁は金銀財宝に関心がなく、手に入れた略奪品はすべて部下の賞与になっていたので、推戴されていた。

†乱戦のモンゴルと日本人

内モンゴルの同胞を解放しようとして南下していたモンゴル遠征軍が撤退すると、蘆占魁の軍隊はその隙を狙って綏遠城の北西を走るムナン・ハン山の北麓に入ってきた。彼は配下の馬賊を「蒙漢連軍」と呼んでいた。ボグド・ハーンの軍隊も大半は内モンゴル出身者から成っていたので、北への撤退命令が下されると、故郷が恋しくて、内モンゴルに留まって馬賊になった者もいた。そのような男たちが蘆占魁の軍隊に合流し、軍勢は一時、四千人にまで発展した。当時、このような男たちをモンゴル人は次のように唄った。

革製のコートを着込んで、

ボグド・ハーン政権の軍に入った。
バヤンノールから西モンゴル（のホブド）に入って戦い
戻ってきて馬賊になった。

（モンゴル語の原文はアンダーラインで示したように頭韻を踏み、以下のようになっている。arusun deiliyen emüsüjü, aru boghda-yin čereig-tü yabula. Bayan Naghur-ača baraghun Mongghol-du yabula, bučaghad ireju duli boluba. これは一九九七年一月四日に私の叔父オーノスが記憶していたものである。）

蘆占魁に思想の面で政治的な影響を与えていたのは、山西省出身で、日本に留学していた知識人たちだった。継桐渓《けいとうけい》と張漢卿、それに弓富魁といった過激な青年で、孫文の「韃虜を駆逐して、中華を回復する」理念に賛同していた。これらのラディカルな青年たちはまた中国人の秘密結社、ガルーホイ（哥老会）とも繋がっていた。すでに述べたように、ガルーホイは清朝を徹底的に敵視し、中華民国成立時に、各地で満洲人とモンゴル人を虐殺した暴力集団である。北京では満洲人の下僕だった袁世凱が皇帝になろうとしていた。このような混沌とした状況の中で、複雑な軍隊を蘆占魁は一九一六年から独立隊と改称し、綏遠を占領して根拠地にしようと計画した。しかし、綏遠城を攻める作戦は失敗し、先頭に立っていた雪花如意も戦死した。満洲人の雲騎尉である雪花如意はこのようにその故郷の城門外で散り、大清帝国を復活させようとする夢もまた草原の露と化した。時勢も味方しなかったのだろう。まもなく、皇帝になったばかりの袁世凱も死去した。

一九一七年春の一月末に藘占魁は黄河を西へと渡って、オルドス高原に入った。彼は東から南西へと軍を進め、途中、ウーシン旗にある我が家に寄り、山羊を略奪していったのを祖母が私に何回も語ったことがある。そして、我が家から東へ約六キロ離れた貴族チョクトオチルの邸宅を襲い、王女を殺害し、金銀財宝と女性の頭飾りを奪っていった(写真9)。頭飾りは真珠や珊瑚でできていた(楊海英・新間聡『チンギス・ハーンの末裔』)。

オルドスを離れて陝西省北部の靖辺県と横山県に侵入すると、高石秀が率いるガルーホイ軍を吸収した。高石秀は北部中国で最も勢力が強かったガルーホイで、日本留学生の張漢卿と弓富魁らが両者を引き合わせたのである。まもなく、綏遠のモンゴル人、白彦山も合流してくると、その軍勢は一万人に膨れ上がった。私の故郷、ウーシン旗西部

写真9　馬賊の藘占魁軍が襲撃した貴族の邸宅の跡。北京の故宮の一角を模した豪邸は中国共産党に破壊された。

のモンゴル人有力者たちは牛と金を持って蘆占魁の軍営を訪問し、「長途の疲れを癒すのに使うように」と従順な態度を示した。「匪賊に略奪されないようにするための、弱かった時の戦略だ」と一九九二年五月十一日に、貴族チョクトオチルの息子バウーは私に語った。

晩秋、蘆占魁の大軍はふたたびオルドスを蹂躙しながら、南西から北東へと復路を疾走し、黄河を越えて綏遠の北、フフエルゲ（武川）に入って盤踞した。この時、綏遠郊外とオルドスで布教していたベルギー人の神父たちの仲介により、綏遠政府による接収を受け入れ、配下の軍を「綏遠遊撃騎兵旅団」と改編した。

蘆占魁がオルドス高原を南北に縦断していた頃、彼の軍営には日本人二人と北京の名刹、雍《よう》和宮《わきゆう》の僧をはじめ、亡き雪花如意の同志だった明文達と王培煥たちが足繁く訪れては北京に行っていた。雍和宮は清朝の雍正帝とゆかりのあるチベット仏教の寺で、歴代住職は清朝の宮廷政治に深く関わっていたし、中華民国になってもそれは変わらなかった。若き満洲人と日本の陸軍士官学校を出た秀才たちは安徽督軍張勲の元に結集し、七月一日に廃帝の愛新覚羅・溥儀を担ぎ出して復辟《ふくへき》するが、やがて失敗する。雪花如意こそ亡くなったものの、清朝の復活を夢見る男たちは北京だけでなく、モンゴル草原にも大勢いた。しかし、清朝は永遠に遠くへと逝《い》ってしまった。

満洲人の青年たちが駆け抜けていった後のモンゴル草原に、今度は山西省の軍閥閻錫山の息がかかった大小さまざまな軍閥が侵入し、モンゴル人を支配しようと企んだ。馬賊蘆占魁もそのあおりを受けて綏遠から追い出され、熱河省を経由して東北の満洲平野に逃れ、軍閥張作霖の庇護を受けるようになった。張作霖は彼の騎兵旅団を使い、モンゴル人からなる武装勢力の掃討に動員した。蘆占魁は張作霖の嫡系ではないので、最も危険な作戦で消耗させようとしていた。そこへ、一人の日本人が現れた。大本教の二代目の指導者、出口王仁三郎《でぐちおにさぶろう》である。

大本教と満洲

「綾部は、山陰道の本街道筋からははずれている」

「亀岡盆地。それは丹波の山かいに点々とつらなる小さな盆地群の、最初の一つである」

と、このように書いているのが、梅棹忠夫《うめさおただお》である。国立民族学博物館の創設者にして初代の館長である梅棹忠夫は戦前に日本が張家口に設置した国立の研究機関、西北研究所に勤め、そこからモンゴル草原でフィールドワークを展開していた。梅棹は、モンゴルと日本の双方における大本教の活動に注目していたので、一九六〇年に『中央公論』誌に「日本探検（第二回）綾部・亀岡——大本教と世界連邦」を発表して、同教団の名誉回復を促した。大本教は戦前に厳しい弾圧を受けていたが、戦後も誤解が完全に解かれたわけではなかった。梅棹の客観的な論評で、大本教の立場が好転した、と私は国立民族学博物館に学んでいた頃に、関係者から聞いた。

大本教は、明治二十五年(一八九二)に、綾部の貧しい大工の後家、出口ナオが、突然に霊感をうけ、神のことばを語りだしたことにはじまる。それは、山陰農民の潜在エネルギーの組織化に成功し、やがて第一次大戦後には、全国的規模の巨大な教団に成長した。(梅棹忠夫「日本探検(第二回) 綾部・亀岡——大本教と世界連邦」)

綾部を「世界の大本」とする教団の開祖出口ナオには、艮《うしとら》の金神《こんじん》さまがとりついたとして、彼女はそのおつげを記し、大本神諭としての「おふでさき」とした。そして、亀岡の上田喜三郎が教団に加わり、ナオの娘婿となり、出口王仁三郎を名乗る。ここから、教団の勢力は助長するが、反乱準備といわれて、警察当局から厳しい弾圧を受ける。

「大本教には、教団発展の初期から、かなり強い文化的国粋主義が流れている。……国粋主義でありながら、反体制であり、反政府であるという性格」から、弾圧を受けた。弾圧の中で、王仁三郎は一九二一年二月十二日頃から「白昼の大空に楕円形の月と太白星」が輝いている異変に導かれて、「蒙古の地に世界平和の礎となる理想郷をきずく」と一大決意する(出口京太郎『巨人 出口王仁三郎』)。

内モンゴル東部と満洲は当時、すでに日本の影響下にあったので、「王仁三郎は、新しい宗教の力をもって、この蒙古に一大救国運動をおこそう」とした。彼はモンゴルを避難の地とするだけでなく、教団が発展していく新天地だと理解し、位置づけた。軍と政治、商売人だけでなく、あらゆる人たちが植民地満洲とモンゴルに希望を見出そうとしていた。というのも、日本国内は閉塞感に包まれ、明治以来の資本主義がもたらした物質優先の生き方が、「山陰農民のエネルギー」を刺激していたからである。

満洲に密入国した王仁三郎は古くからの大本信徒で、退役した海軍大佐矢野祐太郎を通して、綏遠の馬賊蘆占魁と奉天で知り合った。矢野祐太郎は張作霖とも親しく、満洲の軍閥に上海から武器を調達する商売をやっていた。

†「チンギス・ハーン」になる新興宗教の指導者

蘆占魁は張作霖から中将の称号を与えられていても、しょせんは外様に過ぎない。王仁三郎は弾圧から逃れた身で、共に不遇の立場だったことから、お互いを知遇とした。そして、この満洲の地にはすでに仙台藩の後裔、伊達順之助がいた。ほかにも内田良平と頭山満らの薫陶を受けた軍人や政治家たちが多数、日本の内地からやってきた王仁三郎の元に馳せ参じた。

蘆占魁は二月十五日夜に王仁三郎に会った時に、次のように自己紹介した。

自分は十年前、二十九歳の時にモンゴルに攻め入り、後に新疆や雲南を転戦し、上海で革命家の孫文に会った。その孫文から、王仁三郎のうわさを聞いた、という。やがて二人は軍隊の編成に着手し、その配下を「内外蒙古独立軍」や「西北自治軍」とも呼んだ。なんと、軍の太上将はダライ・ラマで、上将はパンチェン・ラマ、総司令には盧占魁がなる。そして、王仁三郎は白馬に跨り、「チンギス・ハーンの再来」と自称した。ここから、馬賊と日本の新興宗教の指導者は一つの神話を広げはじめた。

王仁三郎は蒙古興安嶺中の部落に生まれ、幼にして父を失い、母は王仁をいだいて各地を流転したあげく日本人と結婚し、王仁三郎は六歳のときに日本へつれていかれた。日本で成長した彼は、神の使命をさとって一派を開いたが、つねに彼の年頭には故国の蒙古がある。それで、このたび時をえて、滅亡に瀕している蒙古を救治済度するべく帰来したのである。

（出口京太郎『巨人　出口王仁三郎』）

こうして「民衆はチンギス・ハーンの再来を歓呼」し、盧占魁も王仁三郎に心酔していたという。

「蒙古の奥地は美しい。野生の福寿草が六月の上旬でも咲き誇っている。白や紫の花がびっしりと花筵《はなむしろ》をしきつめたようだ。王仁三郎は、この花筵の中を縦横無尽に馬を鞭打ちながら多くの兵を指揮して野遊びをこころみる」。日本国内で弾圧されていた新興宗教家にとって、モンゴル草原はまさに新しい可能性を与えてくれる花園だったようである（写真10）。

ところが、東北の軍閥張作霖は日本の聖者と遠く綏遠からの落ち武者が「チンギス・ハーン再来」と称して膝元で跋扈するのを座視して許すわけにはいかなかった。一九二四年六月二十一日の夜、王仁三郎とその追随者たちは通遼ことバインタラの旅館で熟睡していたところを襲われ、全員、逮捕された。一度は死刑宣告を受けるが、やがて釈放されて日本に戻された。

写真10　モンゴル草原を行く出口王仁三郎（『巨人　出口王仁三郎』より）

かたや盧占魁の方は、張作霖の部下、張宗昌と並んで馬を走らせていた時に暗殺された（梁継祖「隆盛荘軼聞鉤沈」）。「落馬死」、と張作霖は言いふらした。南北モンゴルから四川と雲南、はては上海から満洲まで転々とした馬賊に相応しい最期である。彼には馬賊としてのカリスマ性があっても、政治思想が完全に欠けていた。思想と教養の欠如は、馬賊の最大の弱点である。政治思想がないからこそ、馬賊で身を起こし、馬賊で終わる。思想と判断力さえあれば、何も海の向こうから突然出現した「チンギス・ハーン」と組むわけがない。

馬賊は清朝末期から中華民国の初期にかけて現れた特殊な匪賊集団である。特に中国人馬賊には何ら政治思想がないので、モンゴルの民族復興を唱える人物とも組むし、敵対する中国政府の手先となることも辞さない。実利のためにのみ動く。

馬賊と組んだ王仁三郎も、「蒙古復興」という時の流行り言葉を口にしながらも、誰がモンゴル人で、誰が中国人かすら区別できなかったのではないか。もっとも、王仁三郎が「再来したチンギス・ハーン」になろうとしただけではない。チンギス・ハーンそのものが、日本の英雄、源義経が大陸に渡って成ったものだ、という神話が明治時代から大正期にかけて一世を風靡した。モンゴル草原に憧れ、満洲平野で冒険しよう、と思うのは、当時の日本人の浪漫精神の表れだったのであろう。

戦後、大本教は世界連邦運動に力を入れ、綾部と亀岡はその聖地のような存在となる。

では、王仁三郎と蘆占魁のような人物たちが決して理解しきれなかったモンゴル人たちはどのように日本時代を経て、中国革命と関わったのだろうか。次章からは、モンゴル人と中国人が革命《ガーミン》の主役を演じる。

第二章

赤い都市と赤い英雄――日本統治時代のモンゴル

†二度の死刑？

「二〇〇二年三月にモンゴル国の最高検察院から我が家に電話が入った時には、本当にびっくりした。何があったのか、家族全員が分からなかった」

と、このように二〇〇二年九月九日に私に語り出したのは、ソナムダルジャイ（当時七十五歳）である。

内モンゴル自治区の首府、フフホト市内のアパートの一室で、彼は目の前に並べた多くの資料を見ながら静かに話した。ソナムダルジャイは東京にあった旧制一高に留学していた経歴の持ち主である。

モンゴル国からの電話の内容は、一九八三年十二月中旬に中国内モンゴル自治区公安庁からの連絡とほぼ同じ趣旨だった。「父親のムグデンボーの死刑は間違いだったので、その名誉を回復する」、とのことだった。
まもなく、モンゴル国から正式の文書が届き、以下のように書いてあった。

モンゴル国最高検察院
二〇〇二年二月二十日　第五十号　ウランバートル
ムグデンボー氏に関する件について
モンゴル国最高検察院の検察員チェ・ガンバト氏をはじめ、（中略）多くの関係者が関係する諸機関と協力し合い、一九五〇年三月十日付で出された内務省の決定について再調査を実施した。
ムグデンボー氏は一九〇三年生まれ、男。内モンゴルのチャハル盟鑲黄旗第六佐領（ハラー。清朝時代以降の行政組織）の者である。家族八人、財産は馬五百頭、牛五十頭、ラクダ三十頭、ヒツジと山羊六百頭。張家口と鑲黄旗に計三十軒の固定建築の家屋と三張の天幕を所有する。本人は小学校を卒業し、モンゴル語と中国語に精通する。犯罪歴はなく、徳王（デムチュクドンロブ王）政権から軍功により「先鋒将軍《ホシューチ・ギナラル》」との褒章を授けられたことがある。鑲黄旗の旗長、チャハル盟教育庁長、内モンゴル軍旅団長、旗政府の参領、チャハル盟勧業庁長、興蒙委員会副委員長、徳王政府内務省長官などを一九四六年から一九五〇年まで歴任した。
（中略）
ムグデンボー氏にはモンゴル人民共和国に対してスパイ行為を働いた罪があるとして、一九五〇年三月十日に出された第一号決定に従い、銃殺刑が言い渡された。（中略）今般、この一九五〇年三月十日付の決定を無効とし、モンゴル国刑法第六項第一条により、ムグデンボー氏に関する罪は成立しないとし、ここにてその名誉を回復する。

続いて二〇〇二年四月十日にはモンゴル国内務省からもムグデンボーの名誉回復に関する決定が出た、と家族に通知書が届けられた。

モンゴル国からの書類を手に、ソナムダルジャイは二〇〇二年春にウランバートルを三回も訪問した。というのは、彼の手元には、その十九年前に、一九八三年十二月十六日付の書類が中国内モンゴル自治区公安庁から届けられていたからである。それは以下のような文だった。

内モンゴル自治区公安庁
（内公政　第1983　440号）
ムグデンボーの問題に関する再調査の決定

ムグデンボーは反革命の案件に参加したことにより、一九五五年に内モンゴル自治区公安庁より、死刑判決を言い渡されている。今般、再度調査した結果、ムグデンボーの歴史的案件は成立しないと判断し、過去の間違った判定を正す。彼を蜂起した人物として扱い、一九五五年時の自治区公安庁の判決を無効とする。……

ソナムダルジャイをはじめ、家族は自治区公安庁に一九七八年末から父親ムグデンボーの名誉回復を求めて、再調査を懇願していた。一九八三年の自治区公安庁の決定もそれに対する返答だったので、家族一同も肩に載っていた重荷が下ろされ、文字通り、欣喜雀躍した。

というのも、連座制の伝統がある中国では「反革命分子」の家族はずっとあらゆる面でひどく差別される。経済的には困窮し、政治的には抑圧され続ける。父親ムグデンボーの名誉回復が実現できたことで、ようやく人間らしい生活ができるようになる、と家族全員と親族一同で喜び、生活の立て直しを進めた。そこへ、十九年後には何とまた、モンゴル国からも父親のムグデンボーの銃殺刑を無効とする名誉回復の書状が届くと、ふたたび、陰翳が家族全員を覆うようになったのである。

父親のムグデンボーはいったい、どこで、いつ、処刑されたのだろうか。中国とモンゴル国、それぞれから届いた名誉回復の通知を根拠として考えるならば、ムグデンボーは二度にわたっ

写真11　満洲国西部の興安総省に暮らしていたモンゴル人（満洲国葉書）

て処刑されたことになる。それは、ありうることであろうか。

†赤い革命

父のムグデンボーは一九五五年に内モンゴル自治区の東部、ウラーンホト市で処刑された、とソナムダルジャイは当初聞かされていた。中国政府からは一切、何ら正式な通知はなかったので、すべて知人たちからの情報だった。モンゴル人民共和国で処刑されたなんて、想像だにしていなかったし、そのような噂も伝わっていなかった。

ウラーンホトとは、「赤い都市」の意で、日本統治時代の王爺廟に与えられた、社会主義風の名である。日本統治時代の王爺廟は、モンゴル人が自治をおこなう興安総省の省都でもあり、興安街とも称されていた（写真11）。

興安街は満洲国時代の日本式近代化のシンボルの地だ

った。日本人が撤退した後、内モンゴルも中国共産党勢力の支配下に入ると、革命家の雲沢という男らはこの街の植民地的歴史を消し去ろうとして、「赤い都市」に改名した。というのも、当時において、ソ連邦内のブリヤート・モンゴル人の自治共和国の首都は「赤い扉《ウランウード》」で、モンゴル人民共和国の首都は「赤い英雄《ウランバートル》」だったから、雲沢は内モンゴルの自治運動の根拠地にも同胞たちのものと同じような共産主義的色彩に染まった名を与えたのである。そして、雲沢自身も「赤い男《ウラーンフー》」に変身したのである。赤は共産主義とガーミン（革命）のシンボルである。

ムグデンボーは徳王政権の下で、日本統治時代の歴史にモンゴル人の一人として関与したので、そのゆかりの地、王爺廟こと興安街、後のウラーンホト市で中国共産党によって処刑された、とソナムダルジャイたちは認識していた。同胞の国、モンゴル人民共和国の首都で刑死したとは思っていなかった。

ところが、社会主義が崩壊し、モンゴル人民共和国も一九九一年から自由主義陣営の一員、モンゴル国になってから、旧共産主義制度下の無数の冤罪事件を精査する過程の中で、ムグデンボーの死刑事件が浮かび上がったのである。中国政府とモンゴル人民共和国政府、革命を経て成立した社会主義二カ国のどこで、父親のムグデンボーは殺害されたのだろうか。ソナムダルジャイはウランバートルから内モンゴル自治区に帰ってから、二〇〇二年秋の九月十一日に北京にある中国公安部に行き、文書の公開と精査を求めたが、一九五五年にウラーンホトで処刑した、という以上の情報を引き出せなかった。

ウランバートルとウラーンホト市。

モンゴル人のムグデンボーはいったい、どこで、なぜ、銃殺されたのだろうか。

彼はどのように日本と中国革命に関わったのだろうか。

言い換えれば、日本統治時代にモンゴル人はどのように生きていたのだろうか。そして、日本人がモンゴル草原から列島に帰った後に、モンゴル人はまたいかに民族自決のために戦い、中国革命に巻き込まれたのだろうか。ムグデンボーの一生はこうした疑問に一つの答えを提示している。

†民族解放のための戦い

モンゴル国の名誉回復の公文書にあった通り、ムグデンボーは内モンゴルのチャハル盟鑲黄旗第六佐領に生まれた。清朝時代のチャハルは八つの旗から成り、それぞれ総管（アンバン）という非世襲の役人に統率されていた。モンゴルの他の盟や旗はほとんど世襲制の貴族、それもチンギス・ハーンの直系子孫が支配者となっていたのに対し、非世襲制はチャハル盟各旗の特徴といえよう。それは、満洲人が勃興して清朝を建立しようとした際に、チャハル万戸《ばんこ》のモンゴル人が最も徹底的に抵抗したからである。中世から十七世紀までのモンゴルは六つの万戸で構成され、大ハーンはチャハル万戸を直轄下に置いていた。大ハーン直属のチャハル万戸が満洲人に投降しないのは、当然のことである。モンゴル最後の大ハーンが逝去し、清朝が成立しても、何回も蜂起するチャハル万戸を懲罰する意味で、チンギス・ハーンの直系子孫を世襲のポストに任命せずに、一般人から総管を抜擢する政策が導入されていたのである。このように、チャハルのモンゴル人はきわめて反抗精神の強い人々である。

ムグデンボーの一族はハラヌートという氏族に属し、鑲黄旗の名門である。祖父の名はリンチンドルジで、父親はイダムジャブという。祖父のリンチンドルジは一八四四年生まれで、清朝の名将センゲリンチン親王に追随して太平天国の乱や捻軍の乱を鎮圧した。弱体化した清朝の玄関口、天津港に押し寄せてきた八カ国連合軍と果敢に戦ったモンゴル軍にも参加していた。

清朝皇帝が一九一二年にその権力を中国人の孫文に禅譲したのを見て、内モンゴルのモンゴル人たちは中国との関係を一六四四年時の原点に戻そうとした。それは、モンゴル人はあくまでも満洲人と同盟し、清朝に帰順したのであって、中国人に投降したのではない、という歴史観である。清朝が崩壊した以上は、満洲人との同盟関係も終焉を迎えたことになる。それに、満洲人もモンゴル人も中国人から駆逐の対象とされていたし、満洲人の一部はモンゴルのボグド・ハーン政権に合流しようとしていたことも、前章で述べた。こうした状況の中で、ムグデンボーの父親イダムジャブも一九一二年春にボグド・ハーン政権に馳せ参じた。しかも、それは彼個人の意志によるのではなく、旗の総管から派遣されたものである。

イダムジャブは当時の内モンゴルのすべての旗の王公たちと同じように、自分の旗もボグド・ハーン政権の一員となり、モンゴル人の統一国家に編入されることを強く望む、という総管からの親書を携えていた。内モンゴルの六つの盟を構成する四十九の旗のほとんどの王公たちからボグド・ハーンに出された親書は「独立に賛同する公文書群」と称され、今でもモンゴル国の国立公文書館に保管されており(橘誠『ボグド・ハーン政権の研究――モンゴル建国史序説1911–1921』)、私も何回か閲覧したことがある。

南のチャハル草原から参上してきたイダムジャブをボグド・ハーン政権は厚遇し、二百五十丁の長銃を渡して支援した。イダムジャブはそれを鑲黄旗内に運んで軍を組織し、一九一三年一月に南下してきたボグド・ハーンの遠征軍と呼応した。モンゴル国の遠征軍は地元の鑲黄旗の軍隊の援助を得て、張家口郊外で中華民国軍を粉砕した。イダムジャブはこの時の軍功と、一九一二年春にいち早く新生のボグド・ハーン政権への忠誠を表明した功績により、一等公爵の爵位がモンゴル国から与えられた。

†中国人は信頼できない

ところが、ロシアとモンゴル、それに中国による「キャフタ条約」が一九一五年六月に締結されると、状況は悪化した。内モンゴルは中国の領土で、外モンゴルだけが自治を実施するが、それも中国の宗主権を認める、という内容の条約である。いうまでもなく、「キャフタ条約」はモンゴル人の意志を完全に無視し、弱小民族モンゴルを犠牲にして大国ロシアと中国の利益を優先する取引の産物である。ボグド・ハーン政権の独立に貢献した内モンゴル出身の軍人や政治家たちもロシアと中国の圧力を受けて、南の故郷に戻らなければならなかった。イダムジャブも一九一八年に失意のうちにモンゴル高原を離れたが、チャハルに帰るとただちに北京に呼ばれて軟禁状態に置かれた。この時、満洲の日本軍はかのバボージャブ将軍を支援した。川島浪速と大陸浪人、それに予備将校と満洲駐屯軍の一部も加わって、第二次満蒙独立運動が進められた（宮脇淳子『モンゴルの歴史』。楊海英『日本陸軍とモンゴル』）。綏遠省では、満洲人の雪花如意が奮戦していたことは、前章で述べた。

モンゴルの独立運動に参加したモンゴル人たちを中国は決して許さなかった。

イダムジャブの同志で、正黄旗の高僧チョルジラマは銃殺された。親友で、チャハル統領のムーテンガは一家全員が処刑された。イダムジャブはある日、政府関係者が主催した宴会に出てから帰宅すると、急死した。一九二二年のことである。北京のモンゴル人社会では、毒殺説が一般的だった。祖父は大清帝国のために戦い、父親はモンゴルの独立に命を捧げた。このような家庭にムグデンボーは生まれ、育った。「中国人は信頼できない」、というのが父親イダムジャブの口癖だったし、遺言ともなった。

陰暦の辰年にして辰月、そして辰の日。西暦では一九〇四年四月十七日にムグデンボーは鑲黄旗第六佐領内の草原、スージンゴルというところに生まれた（モンゴル国の最高検察院と内務省の公文書では一九〇三年生まれ、としている）。辰が三つも並んだことは、この子の人生が非凡で、波乱万丈の一生を送る前兆とされた。ちなみに彼が最後まで忠誠を尽くし、ともにモンゴルの民族自決のために戦った徳王は寅年（一九〇二）の寅の月、そして寅の日に生を享《う》け、同じように二十世紀のモンゴル民族を代表する英傑としての一生を送った。

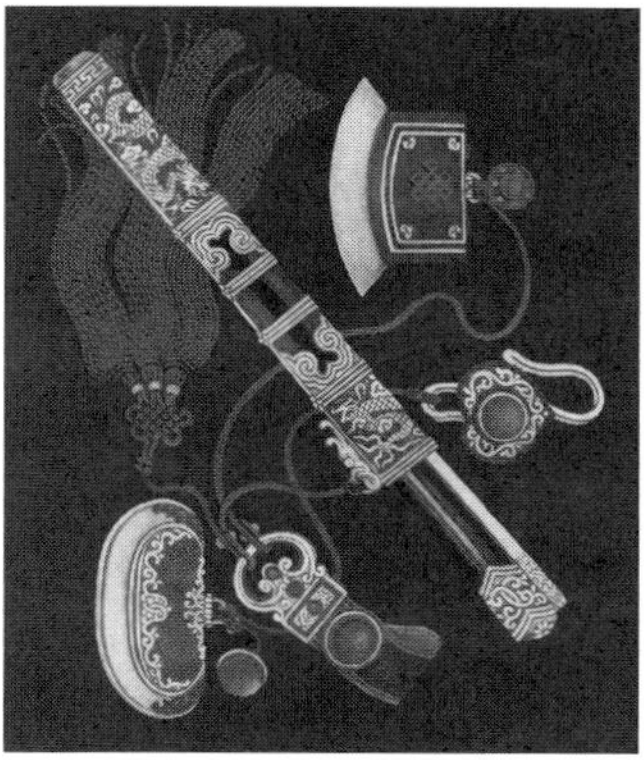
写真12　銀細工の火打ち道具と短刀

生まれた場所のスージンゴルとはモンゴル語で「腰骨のような河」との意だ。彼はここでモンゴル語と満洲語、それに中国語を学び、家畜の放牧に携わった。この一家にはまた銀匠という先祖代々伝わってきた古い技術があった。少年ムグデンボーも祖父と父についてその技を身に着けた。モンゴル人は銀細工が施された茶碗や火打ち道具、それに短刀を常に携行するので、需要もそれなりに高かった（写真12）。何よりも、草原の民は一芸に秀でる職人に敬意を払うので、当然、ムグデンボー一家も遊牧民たちに愛されていた。

祖父のリンチンドルジがボグド・ハーン政権の遠征軍と共に内モンゴルを解放しようと奮戦していた頃、一家は中華民国からの攻撃を避けるためにチャハル盟の北、シリーンゴル盟草原内のシリーンチャガン・オボーに移り住んだ。「峠の上の白き聖地」との意味のシリーンチャガン・オボーで二年間暮らした後の一九一六年に、ムグデンボーは祖父に呼ばれてウルガ（現ウランバートル）に行き、ロシア語学校に入って三年間学んだ。モンゴル人が近代的な知識を吸収しようとした時、ロシアか日本のどちらかを選んでいた時代の決断である。祖父が北京に抑留されていた頃、ムグデンボーは張家口に設置されたチャハル省師範学校に一九一九年に入学し、二年後に卒業した。中華民国は当時、チャハルを省と呼び、内地と同じような行政制度を導入して植民地政策を進めていた。ムグデンボーも中華民国は好きになれないが、中国人の支配下にあるので、中国語の能力を一層磨いた。

一九二三年、父ムグデンボーは鑲黄旗第九佐領の長官、アマの娘ソナムペルジドを妻として迎えた。数え年、二十歳になった時のことである。一九二七年に長男として、私がこの世に生まれたのである。

このように、ソナムダルジャイが私に静かに語る。一高を出た彼は時々、日本語を交えて話すが、優雅な言葉遣いである。ソナムダルジャイのソナムは母親のソナムペルジドの一部を取ったもので、どちらもチベット語で、「幸《さち》」との意である。

†日本の登場と中国の分断工作

ムグデンボーが師範学校生として通っていた張家口、モンゴル人がハールガと呼ぶ長城の要塞都市は近代モンゴル革命の揺籃期の地である。モンゴル人の民族主義政党、内モンゴル人民革命党は一九二五年十月にここで成立している。北京で学ぶ青年たちと、草原を馬で走り回る若者たち、両方が集まりやすい場所だった。張家口《ハールガ》を行き来するキャラバンはその名を遠くヨーロッパにまで伝え、かの地ではカールガと訛った。

ムグデンボーも多くの熱血青年たちと同じように、一九二六年に内モンゴル人民革命党党員となった。この時のムグデンボーはチャハルの草原と北京を頻繁に行き来し、自決運動の若き指導者徳王の近くにいた。

一九三二年、ムグデンボーは北京で蘇州出身の女性、十九歳の陸香梅を第二夫人に迎えた。この時、三十歳になったばかりの徳王も北京で活動していた。モンゴルと中華民国の双方から「最も開明で、有望な王公」と評価されていた青年貴族徳王の身辺に、ムグデンボーがいたのである。民族の自決と近代的な改革を進めるには徳王しかない、と衆望を集めていた時である。すでに述べたように、ムグデンボーとその一家はほとんどのモンゴル人と同じように、決して中国人が好きではない。民族としての漢民族、国家としての中国は常にモンゴル人を立ち遅れた民族、野蛮人と差別するので、我慢できるものではない。しかし、中国人の中にもそうした差別的な思想を抱かない者も極少数ではあるが、いるにはいる。陸香梅もそのような一人だった。

私たちは彼女を香梅《シャンメイ》と呼び、一家全員、仲良く暮らした。彼女は一九八三年にバヤンノール盟で亡くなった。六十九歳だった。

このようにソナムダルジャイは振り返る。

ムグデンボーは美男子だったことでも知られ、とにかく女性にもてた。彼にはまたアルターというガールフレンドがいた。ムグデンボーが一九四五年以降に中国共産党の人民解放軍と激戦を繰り広げるようになった時、アルターはいつもラクダの背中に後ろ向きに乗って、追撃してくる人民解放軍を撃っていた。勿論、この伝説を私に語ったのはソナムダルジャイではなく、別の当事者である。二〇〇二年夏のある日、私はフフホト市内で遠くから彼女を眺めたことがある。小柄な、上品な女性だった(写真13)。

徳王は一九三三年七月二十六日に百霊廟で第一回モンゴル自治会議を招集した(地図1)。「ジンギスカン時代、蒙古は欧州・アジアを占領して、遠近仰ぎ服従し、中原を平定して、全国各民族は平穏で盛況を呈した」。しかし、近代以降の「民国以来、蒙古で開墾・屯田が始まり、やがて省・県が設けられて、蒙古民族の衰退をもたらした」と徳王は宣言した(『徳王自伝』)。ここでいう省・県の設置は単に中華民国風の行政組織の導入を意味していない。中華民国政府が内地風の行政組織をモンゴルの草原に強制するのは、十九世紀末から内モンゴルに侵入してきた中国人を定着させるためである。侵入してきた中国人は平和な民ではなく、草原を開墾しては沙漠化をもたらし、先住民に虐殺を働いていたので、モンゴル人と衝突していた。徳王は、こうした現代史に即して自治自決の宣言を公布したのである。ムグデンボーは当然、徳王の政治理念に賛同した。そして、彼はこの年に鑲黄旗の総管に任命された。

写真13 日本統治時代のチャハルのモンゴル人女性

「自治はまだ、時期尚早だ。日本軍の勢力が及ぶのを待つように」

と徳王に勧めていたのは、日本特務の笹目恒雄である。南京国民政府はモンゴル人の自治運動は日本人の煽動を受けた軽率な行為だと見て、代表を派遣して阻止しようと動いた。このように日中双方の駆け引きがモンゴルを舞台に激しくなっていた一九三四年四月二十三日に、徳王は百霊廟で「蒙古地方自治政務委員会」、略して蒙政会《もうせいかい》を設置した。モンゴル人は決して日本軍に投降しようとしたのではなく、日本的な近代化を導入し、中国からの離脱を実現しようとしていた。日本側は、徳王身辺の「親中華民国分子」を暗殺したし、国民政府軍もまた徳王が信頼するモンゴル人で、日本の陸軍士官学校を出た青年将校を「親日派」だと見て抹殺した。

中華民国軍は前線から敗退し、日本軍の西進が続く中、関東軍参謀副長板垣征四郎少将は一九三五年九月十八日にシリーンゴル盟西ウジュムチン旗を訪れて、徳王と会見した。徳王の発言である。

「前回、田中（隆吉＝著者注）参謀が我が旗を訪れた際、我々の蒙古国樹立を援助する問題を提起しました。我々はとても喜んでおり、日本の我々への援助が早期に実現することを願うとともに、東西蒙古を合併して蒙古の独立と建国を達成できるよう希望します」

これに対し、板垣は以下のように返事した。

「我が日本は蒙古の独立と建国を援助したいが、東部の盟旗は満洲の領土で、満洲は独立国であり、私にはこれに答える権限がありません。しかし、あなた方の建国準備を手助けするため、まず、三人の顧問を派遣してあなた方を援助しましょう」

約束が違う、と徳王と共にいた他の王は拒絶反応を示したが、日本軍の力を借りるしかなかった（『徳王自伝』）。

モンゴル人は、中華民国が設置した「チャハル省」は植民地行政府のシンボルだと理解し、その廃止を強く求めていた。そして、省の代わりに盟の設置こそがモンゴルに相応しいとの見方が一般的だった。日本軍はモンゴル人の要望に応える形で、一九三六年一月二十二日に張北でチャハル盟の成立式をおこなった。この時、チャハル八旗の八人の総管の中で、最も若く、最も有能なのがムグデンボーだ、と徳王は公言していた。一方のムグデンボーも徳王（写真14）こそがモンゴルの民族自決のリーダーだと見て、独立運動に身を投じたのである。

写真14　民族自決運動の指導者・徳王

「我がモンゴル民族が将来に独立建国するためには、徳王閣下の指導が不可欠である」

とこれがムグデンボーの堅い信念だった。

南京国民政府は、徳王とモンゴル人の自決運動を「日本に帰順した行為」だと判断した。中国国民政府は分離政策を進める方法として、さらに「綏境蒙政会」を新たに組織した。綏境とは、綏遠省内との意で、モンゴルを矮小化するための言葉遊びである。これは、徳王の百霊廟の蒙政会に正統性がない、という分断政策である。実際は、徳王の百霊廟蒙政会の方がモンゴル人で運営されていたし、「綏境蒙政会」は中国人軍閥、傅作義《ふさくぎ》の傀儡に過ぎなかった。

†モンゴル軍第七師団長

二月十日、スニト右旗（西スニトともいう）でモンゴル軍総司令部が成立し、独立への機運は一気に高まった。春の五月十二日、徳王はジャブサル寺で「モンゴル軍政府成立式典」を開いた。関東軍の今村均参謀副長と田中隆吉参謀、日本人顧問の村谷彦治郎なども参列した。国旗を掲揚して式典を披露し、モンゴル復興の意義を徳王は説いた。

「蒙古軍政府の成立後、最重要事は兵馬を整えて軍隊を拡充する」ことだった、と徳王は回想している。新たに創成されたモンゴル軍は二個軍から成り、第一軍長は李守信将軍で、第一師団から第四師団及び直属砲兵隊を指揮した。第二軍長は徳王自身が兼ね、第五から第八師団を統括した。この第二軍の第七師団長に、ムグデンボーが任命された。彼は三十二歳になったばかりで、ちょうど血気盛んな時である。総兵力は約一万人で、すべて騎兵である。モンゴルの草原に歩兵は似合わなかった。軍政府成立後の閲兵式には中将に昇進した板垣征四郎も参加し、満足の意を隠さなかった。

この百霊廟にはまた徳王の保安隊があり、それは主として内モンゴル西部、綏遠城周辺のトゥメト地域のモンゴル人からなっていた。いわば、清朝時代の駐綏遠「蒙古八旗」の子孫か、その縁戚の者だった。彼らは早くから綏遠城内とその近郊に住み、満洲人と同じように定住した生活を営んできたことから、モンゴル語が話せない人も多数いた。徳王はこのような「漢化」したモンゴル人たちを重用することで、ふたたびモンゴル的な精神を蘇らせようとして、自身の保安隊に編成した。もちろん、トゥメトのモンゴル人たちも徳王の人徳に敬服し、追随を誓った。

しかし、チャハル草原やシリーンゴル草原で育った兵士たちは逆に中国語はまったく話せず、トゥメト出身のモンゴル人の「漢化」を軽蔑したので、両者の間に対立と不和が生じた。この対立を離間に利用したのは、綏遠に駐屯する中国人軍閥の傅作義である。謀略に長けた傅作義はスパイを派遣し、トゥメトのモンゴル人が「抗日の陣営に寝返ったら、厚遇する」と持ち掛けた。

一九三六年二月二十一日、トゥメト出身の保安隊が突然に反乱を起こし、モンゴル軍内の日本人顧問たちを殺害してから綏遠方面へ逃亡した。ムグデンボーの第七師団はシャラムレン寺まで追討したが、綏遠から反乱軍を迎えにきた傅作義軍と交戦した後に撤退した。傅作義は反乱した保安隊を「厚遇」するどころか、将校たちを処刑し、極少数の兵士を中国人からなる軍隊に分配した。この傅作義はことあるごとに「モンゴル人は動物以下の存在で、叩かなければならない」と話していたし、機会さえあれば、モンゴル人を虐殺する大漢族主義者だった。いったい、中国人が特定の民族を敵視する意識はどこから来ているのか、モンゴル人にはさっぱり理解できなかった。

保安隊が反乱したことで、ムグデンボーは受難した。徳化（ジャブサル寺）に駐屯する日本特務機関長の田中隆吉は、反乱軍が日本人顧問だけを殺害し、モンゴル軍第七師団が無傷だったのを疑った。「ムグデンボーが通敵しているのではないか」、と田中機関長は理解していた。というのも、同じ鑲黄旗第二佐領の長官アガという男がそう田中機関長に密告していたからだ。「ムグデンボーは内モンゴル人民革命党員であり、ロシア語も堪能で、ソ連と繫がっている」、と話していた。

ロシア語が堪能なことと、内モンゴル人民革命党員であることなど、すべて事実である。しかも、内モンゴル人民革命党はモンゴル人民共和国の政権党、モンゴル人民革命党の姉妹党である。どれも事実で、疑われても仕方あるまいが、ソ連には通じていなかった。そう密告したアガは実際は第七師団長になりたくて、嫉妬から田中機関長に耳打ちをしたのである。

精査の結果、ムグデンボーの「通敵」の証拠は見つからなかったが、関東軍のムグデンボーに対する監視は一段と強まった。しかし、徳王は変わらずムグデンボーを信じて疑わなかった。

政敵の婿と日本型近代化

徳王のモンゴル軍政府にとって、第七師団長のムグデンボーは草原の中心であるチャハルの出身であり、最も多数の軍馬を調達してきた実績から、彼を一九三六年十月から膝元の百霊廟に駐屯させた。第七師団は純粋に草原のモンゴル人からなり、計一千五百人の騎馬兵を擁し、武器はすべて関東軍が提供した。名実ともに徳王のモンゴル軍の精鋭を成す第七師団であるが、日本人顧問は野崎某という男だった。

一九三六年十一月二十三日、綏遠の中国軍が突然百霊廟に攻撃してきた。特務機関の日本人たちが真っ先に逃亡するのをモンゴル軍が阻止しようとしたところ、逆に射殺された。そして、日本軍に投降したばかりの、綏遠の中国人部隊も反乱した。元々匪賊だった部隊を田中隆吉が帰順させたものの、綏遠の中国軍と密通していた。彼らは日本人顧問団二十七人を処刑してから、中国軍に合流していった。

多数の日本人顧問が殺された責任を問われて、ムグデンボーは第七師団長のポストを辞した。関東軍は彼に日本訪問のチャンスを与えるという口実で軍隊から追放した。関東軍はこの一件でモンゴル軍を掌握したが、モンゴル人は当然、さらに軍権を失ったことになる。植民地支配下の運命である。

一九四三年十二月に私がモンゴル高等学院を卒業し、翌春に日本へ留学することになった。その時、父を田中隆吉参謀に密告していたアガの知人が我が家にやってきた。なんと、アガのお嬢様をムグデンボー家に嫁がせたいという。モンゴル人同士で対立すると、いつも関東軍が漁夫の利を得る、とみんな分かってきたからだ。姻戚関係を結ぶことで対立を解消するというのは、モンゴル人遊牧民の古い伝統であるので、父は素直に宿敵アガの提案を受け入れた。私たちの結婚により、我が鑲黄旗は以前よりも団結するようになった。

このようにソナムダルジャイが語る。

日本訪問から帰った後、ムグデンボーは一九三九年からチャハル盟勧業庁に勤め、その後、一九四一年六月に興蒙委員会が成立すると、その副委員長に任命された。ついでに述べておくが、「勧業」や「興蒙」はすべて日本語である。このような近代的な語彙は当時洪水のような勢いでモンゴル語に翻訳され、そして漢字であるがゆえに、そのまま中国語にも逆輸入されていった。

興蒙委員会の委員長はソンジンワンチュク王で、副委員長はモンゴルの各盟の盟長か、旗王、それと総管たちだった。ムグデンボーもそのような一人だった。

興蒙委員会の成立は、徳王政権のモンゴル人たちが日本型の近代化を一層システマティックに導入し、実践しようとしたことの表れである。具体的には日本の協同組合を参考に、草原地帯でそのモンゴル版の「ホルショー」を作ることだった。ホルショーを通して行政と教育、それに医療衛生の近代化を徹底的に進めようとする政策だった。遊牧民たちをホルショーのメンバーとして編成し、モルピスという乳飲料を加工して販売し、家畜から採れる毛を原料にして毛織工場を設置するといった近代的な政策である。ちなみに、日本で愛飲されているカルピスも三島財団の開祖、三島海雲が大正時代に内モンゴル草原を放浪し、現地の乳製品からヒントを得て発案したものである。モルピスとカルピスも繋がっているはずである。

写真15　日本統治時代のチャハルのモンゴル人男性

近代化を推進しようとした時には当然、保守派からの抵抗を受ける。チャハルとシリーンゴル草原でもムグデンボーをはじめ、モンゴル軍第七師団長のダムミリンスレンと第九師団長のウルジーオチルや多くの青年貴族(写真15)は日本型近代化の導入と実践に熱心であるのに対し、年配の王公たちはそうではなかった。徳王も含め、青年貴族たちは自身の利益に直結する世襲制も廃止すべきだと認識していた。モンゴル独立が実現した暁には民主的な選挙で指導者を選ぼうと夢を語り合っていた。

一九四三年一月、ムグデンボーはモンゴル自治邦政権の交通総署の署長に任じられた。いわば、独立したモンゴル国の交通大臣である。モンゴル人は当初、国名を「モンゴル自治国」にしたいと関東軍に求めていた。しかし、国という字の使用が認められず、邦ならいいと日本軍から圧力をかけられた。国も邦も漢字遊びを得意とする宗主国の植民地政策であるが、どちらもモンゴル語ではウルスというので、モンゴル人たちは自分たちの徳王政権を独立国家だと見て、一所懸命に働いていた。これが、ムグデンボーのような日本統治時代のモンゴル人の姿である。

ソナムダルジャイは一九四四年秋に一高を中退して、草原に帰った。下関から関釜船に乗って朝鮮に上陸し、そこから列車に乗って新京と天津を経由して、張家口に帰還したのである。

第三章

赤い太陽と「草原の黒い霧」――中国共産党の内モンゴル占領

†モンゴル青年革命同盟

八月は遊牧民のモンゴル人が最も好きな季節である。馬乳酒が豊富に取れ、家畜が肥えて、放牧も人手がかからなくなるからだ。人々は朝からビールくらいのアルコール度数の馬乳酒を飲み、ほろ酔い状態で過ぎ去ろうとする短い夏を楽しむ。

一九四五年夏、ムグデンボーはモンゴル自治邦の行政院長ジャラガラン（徳古来）を草原の天幕風の自宅に誘い、夏休みを共に過ごそうとした。そこへ、八月八日にソ連・モンゴル人民共和国連合軍が南下してきたというニュースが入ってきた。モンゴル自治邦になだれ込んだ連合軍は二路からなる。東路軍はベースン寺（貝子廟）を経由してドローン・ノール（多倫）を攻めている。西路軍はジャムンウードを突破してスニト右旗の徳王府を落としてからジャブサル寺（徳化）と張北を占拠し、先鋒は張家口を目指した。どれも、紀元前の匈奴の時代から遊牧

写真16　中国共産党によって破壊された徳王の宮殿

民が中原を征服した時のルートである。進軍の途中、どこに何があるかも、先祖代々からの知識として受け継がれていたので、ソ連軍の先導役を担うモンゴル軍にとっては掌の中の地理学的知識を活用していたのである。

「モンゴル軍の南下を聞いて、父は少しも驚かなかった。というよりも、待っていたかのような笑みを浮かべていた」

とソナムダルジャイは当時の印象について語る。

ムグデンボーは直ちに行政院長のジャラガランをフォード社の自家用車に、家族を全員トラックに乗せてからスニト右旗の徳王府近くのウンドゥル寺（別名、トゴート寺。写真16）へと飛ばした。八月十五日には、ウンドゥル寺には以下のような人たちが集まっていた。

モンゴル自治邦駐日代表（大使）——テクシボイン（王宗洛）
行政院長——ジャラガラン
交通総署署長——ムグデンボー
最高法院院長——ボインダライ
スニト右旗王《ジャサク》——ドガールスレン（徳王長男）
防衛旅団少佐参謀——ゴンボジャブ

モンゴル自治邦の大臣たちの多くが参集したことは、国家そのものがまだ崩壊していない事実を物語っている。しかし、ここで大きな力を発揮したのは大臣たちではなく、突如として現れた「モンゴル青年革命同盟」の青年たちである。

「モンゴル青年革命同盟」は一九四五年五月に秘密裡に成立した民族主義の政党である。その中心メンバーは日本の陸軍士官学校卒のゴンボジャブと善隣高等商業学校特設予科等で学んだホルチンビリク、東京高等師範学校に留学していたブレンサインと関東軍鉄血団員デレゲルチョクトたちである。いわば、青年将校と若き知識人たちからなる政党である。ちなみにブレンサインの夫人はツェベクマと言い、司馬遼太郎の名著『草原の記』の主人公である。司馬遼太郎はツェベクマとブレンサインが経験した満洲国と社会主義中国での数奇な運命を描いている。

極秘に成立したとされる「モンゴル青年革命同盟」であるが、実際、日本側はすべて把握していた。脅威にならない民族主義だ、と日本側は弾圧しなかっただけである。結論を先に示しておくが、同党のメンバーはその後、すべて中国によって粛清される。分かっていても、弾圧しない日本と、一網打尽にしてから血腥い虐殺を働く中国。これが両者の根本的な違いである（楊海英『モンゴル人の民族自決と「対日協力」』）。

「モンゴル青年革命同盟」のメンバーたちをはじめ、モンゴル人たちはここで、同胞の軍隊を温かく迎えようと意見が一致した。日本の敗戦でようやく、民族の統一が実現できる、とすべての人たちが高揚感に包まれていた。みんな表情が明るく、幸せな毎日を送っていた。シリーンゴル盟の十旗、チャハル八旗、バヤンタラ盟チャハル右翼四旗、ウラーンチャブ盟内の各旗の代表たちと青年たちが陸続とウンドゥル寺に集まってきて、一気に人口が増えた。近くの遊牧民は青年たちを支えようとして、家畜を屠《ほふ》って新鮮な肉を届け、乳製品はふんだんにふるまわれた。どれもこれから誕生するモンゴル人の独立国家を支援するためである。

†内モンゴル人民共和国臨時政府

モンゴル人民共和国の最高指導者チョイバルサン元帥は、南下する兵士たちに「我が血肉を分かち合った内モンゴルの兄弟たちを解放せよ」との命令を下していた。そして、チョイバルサン元帥は副首相のラムジャブを特別代表としてスニト右旗等に派遣し、政権建立の援助を進めた。

モンゴル人民共和国の積極的な援助とソ連軍の暗黙の理解の下、「モンゴル青年革命同盟」は九月九日に内モンゴル人民共和国臨時政府の成立を宣言した。臨時政府を運営するのは、「臨時人民委員会」で、モンゴル自治邦最高法院院長のボインダライが委員長に、ムグデンボーは副委員長に選ばれた。内モンゴル人民共和国臨時政府は以下のような宣言書を世界に向けて公布した（田淵陽子「内モンゴル人民共和国臨時政府樹立宣言及び憲法」）。

全世界の国家・民族に宣告する。

……我々内モンゴルは、中国のさまざまな軍閥の手に渡り贈答品のように転々とさせられ続け、自由を全て奪われ、土地を占領され、様々な耐え難い弾圧と搾取を受け、民族滅亡の深刻な危機的状況に陥った。……中国は、我々内モンゴルを自らの属下とし、植民地化したのみならず、十数年前、人類の危害たる帝国主義日本の獣から守ってくれることもなく、彼等の餌食として占領させ、きわめて重くて辛い苦しみを味わわせたのである。

……我々の骨肉を分けた同胞であるモンゴル人民共和国が、一九四五年八月九日に正義の戦いを日本に宣告し、勇敢なる兵士が我が土地に解放するために派遣され、最後のファシスト日本を粉砕し、我々内モンゴル滅亡の危機から救済し、自由の地とした。……

このように、モンゴル人たちは明確に中国からの独立を植民地からの解放と民族自決の目標だと認識していたのである。

ソナムダルジャイはこの歴史的な瞬間に父親ムグデンボーの身辺にいた。「貴殿は日本時代に悪いことをしなかったので、我々も喜んでいる」、とモンゴル人民共和国内務省内務処処長のリクジンフンヌーはムグデンボーの手を握って、話していた。

父はラムジャブ副首相に日本時代のことを報告し、故郷の人民を武装して人民共和国臨時政府に貢献したいとの意志を示した。すると、ラムジャブ首相も大いに賛成した。そこで、父は私を鑲黄旗に派遣した。私は家に帰って、保管していたチェコ製の自動小銃四十数丁と機関銃二丁、それに弾薬を全部出して自衛軍を作った。そして、あっという間に大勢の青年たちが集まってきた。みんな独立したばかりの内モンゴル人民共和国を守ろうと決心していた。私はまた自宅の馬群から良い去勢馬を百頭選んでソ連軍に寄付した。鑲黄旗の他のモンゴル人もそうしていた。

これが、当時の内モンゴルのモンゴル人たちの心情と行動である。遊牧民は馬をどれほど所有しているかで、その貧富の基準とする。百頭の馬はやはり、裕福なシンボルである。日本時代に大臣だったとはいえ、自宅にこれほどの銃器を隠していたのもまた、ムグデンボーが日本の敗戦後に戦略的に備えていたことを物語っている。

ソナムダルジャイの証言は続く。

写真17　駿馬に跨ったチョイバルサン元帥
(*Almanac History of Mongolia* より)

九月上旬のある日。チョイバルサン元帥(写真17)がスニト右旗を訪れ、内モンゴル人民共和国臨時政府の首脳たちと青年代表を接見した。元帥は次のように話していた。

ここで内モンゴル人民共和国臨時政府が誕生したことを私も聞いた。忙しかったので、なかなか直接皆さんと話し合うことができなかった。これからはぜひ、軍と政府、それに青年代表をウランバートルに派遣して、内モンゴルの将来について相談しよう。内モンゴルの帰属をめぐって、モンゴル人民共和国とソ連、それに中国の見方が一致していない。中国は自国領と主張しているのに対し、ソ連はここを緩衝地帯にしたいらしい。そして、我々は内モンゴル人民共和国臨時政府を支援する。

このように、チョイバルサン元帥は明確に「我々は内モンゴル人民共和国臨時政府を支援する」と公言していた。

「張家口までを解放し、モンゴル人の国を創ろう、という指令をチョイバルサン元帥は父に命じていた」

とソナムダルジャイは証言する。元帥とムグデンボーはモンゴル人民共和国内務省の幹部、セリンダルジャイを通して連絡し合う、と内密に決まった。

†「ヤルタ協定」の呪縛

チョイバルサン元帥の指示を受けて、内モンゴル人民共和国臨時政府はムグデンボーとジャラガランを政府代表に、ダミリンスレンとウルジーオチルを軍代表に、ホルチンビリグとブレンサインを青年代表に任じてウランバートルへ派遣した。代表団の団長はムグデンボーで、二十六人の団員を率いて、北へと出発した。みんな、民族統一の希望を胸に、わくわくしながら旅路を急いだ。

ウランバートルに着いてからも、一行は丁重にもてなされた。全員にマルクスやレーニンの著作が配られ、寒くなるとコートも届けられた。そして、十月中旬のある日、臨時政府の代表団はチョイバルサン元帥主催の宴会に呼ばれた。ソ連駐モンゴル人民共和国大使のニコラエフも臨席した。代表団の他に、一足先にウランバートル入りしていた徳王の長男ドガールスレンと「モンゴル青年革命同盟」の創始者の一人、デレゲルチョクトも出席した。ドガールスレンはウランバートルにある「党の新生力量学院」という幹部養成の学校に入って研修を受けていた。

宴会の席上で、チョイバルサン元帥は以下のように話した。

私はモンゴル人である以上、内モンゴル問題においても、貴方たちを決して外へ押し出すことはしない。しかし、国際情勢も無視できなくなった。「ヤルタ協定」の取り決めにより、中国の外交部長王世傑はモスクワを訪問し、ソ連のモロトフ外交部長と共に我が国駐ソ連大使に次のように伝えてきたそうだ。

第一、外モンゴルの独立は住民投票で決定する。

第二、外モンゴルと中国との国境線は内外モンゴルの間に設定する。

このように伝えられると、宴会の雰囲気はとたんに冷めた。

「外モンゴルと中国との国境線は内外モンゴルの間に設定する」という取引は、内モンゴルを中国に引き渡す、モンゴル人の一部を中国の奴隷とすることを意味している。実際、チョイバルサン元帥はすべて本音を語っており、彼自身、「ヤルタ協定」の存在を知ったのも一九四五年九月頃と見られている。スターリンは対日出兵の条件として内モンゴルを中国に売り渡し、日本の北方四島を自国に併合するのをアメリカとイギリスに認めさせた。当事者の日本とモンゴルはどちらもヤルタにいなかったので、モンゴル人は今でも「ヤルタ協定」は国際法に違反していると認識している。

ここで強調しておかねばならないことがある。

「皆さんは帰国し、中国共産党と協力して革命運動を続けてください」、とチョイバルサン元帥がこの時に話したとされ、中華人民共和国の教科書やあらゆる歴史書の中でみな、チョイバルサン元帥の「言葉」がことさらに喧伝されている。父は私に何回も話した。チョイバルサン元帥はそのような言葉を口にしたことは一度もない。何よりも、チョイバルサン元帥は中国人が大嫌いだったし、内モンゴルの同胞たちを中国の植民地支配から解放しない限り、民族自決はあり得ないとの政治信念を抱いていたからだ。

写真18　張家口市に残るモンゴル自治邦の政府所在地。ここはかつて近現代モンゴル人の首都だった。

ソナムダルジャイの証言は私のようなモンゴル人の疑問に一つの明確な答えを提供してくれた。今日においても、大勢のモンゴル人たちが、中国政府が喧伝する公式見解を疑っている。それは、「皆さんは帰国し、中国共産党と協力して革命運動を続けてください」、とチョイバルサン元帥が話したとされる「言葉」である。何しろ、内モンゴルが中国に属する、という「ヤルタ協定」の秘密条項を、当時はすべてのモンゴル人が知らなかったので、「帰国」云々などあり得ない。それに、当時はソ連も国民党政権を中国の正統政府だと認めていたので、モンゴル人民共和国だけが中国共産党との連携を強調する理屈がない。「中国共産党と協力」する、という虚言は後日に中国共産党によって付け加えられたもので、内モンゴルのモンゴル人を騙すための狂言に過ぎない。

内モンゴル人民共和国臨時政府の代表たちは失意のうちに十一月上旬にスニト右旗に帰ってきた。すると、なんと臨時政府はすでに十月末に張家口に移転させられたと告げられた。実は代表団が首都ウランバートルに出発した後に、中国共産党の雲沢が現れて政権を乗っ取ったのである。雲沢は日本時代の最高法院院長で、臨時政府主席となっていたボインダライを「対日協力者の蒙奸」だと威嚇して追放し、青年たちを説得して再選挙を実施して自身が臨時政府主席になり、そのうえで、臨時政府を共産党支配下の張家口へ移転させて、自滅に追い込んだのである（写真18）。

†中国共産党による対日清算

ムグデンボーを団長とする代表団のメンバーたちがモンゴル人民共和国から故郷に帰った後の情勢は、大きく変わり始めた。この流れを示すと、だいたい以下の通りである。

張家口に内モンゴル人民共和国臨時政府を移動させて壊滅に導いた雲沢は、一九四五年十二月二十六日に内モンゴル自治運動連合会を設置した。これは、中国共産党の指導を受けた組織で、中国領内でモンゴル人の自治を模索する組織だった。雲沢はこの自治運動連合会を母体として、まもなく日本敗戦後の旧満洲国で誕生した「東モンゴル人民自治政府」を併合した。そして、一九四七年五月一日に旧王爺廟で内モンゴル自治政府を樹立し、雲沢もウラーンフーに改名する。この内モンゴル自治政府は当初、ソ連型の自治共和国をモデルにしていたが、中華人民共和国の出現に伴い、正式の発表もないままに、だいたい一九四九年末あたりから内モンゴル自治区と改称されるようになる。中国共産党は曖昧な策略で少しずつ、モンゴル人の自決運動を抹消していったのである。

ウラーンフーこと雲沢が追放したボインダライは一九四五年冬にチャハル盟商都県テムールタイというところで中国共産党に暗殺された。ウランバートルの「党の新生力量学院」で学んでいた徳王の長男ドガールスレンはその後チョイバルサン大学に進学したが、一九五〇年十月十五日の夜九時に逮捕され、まもなく銃殺された、とその弟が証言している（敖其爾巴図『徳王之子敖其爾巴図』）。雲沢からウラーンフーへと改名したモンゴル人が中国領となった内モンゴル自治区の指導者となり、困難な自治を進める。ところが、一九六六年に文化大革命が勃発すると、ウラーンフーは内モンゴル人民共和国臨時政府の主席になった経歴が「偉大な祖国を分裂させた鉄の証拠」とされ、毛沢東によって粛清された。

話をウランバートルからチャハル草原に帰ったムグデンボーに戻そう。

ムグデンボーは、一九四五年十二月末に内モンゴル自治運動連合会鑲黄旗分会主任に任命された。この任命は、中国共産党も当時、ムグデンボーを鑲黄旗の実力者だと認めていたことと、

「対日協力者」ではないと判断していたことを示している。ムグデンボーも中国共産党の政策に懐疑的ではあったものの、さしあたり様子を見るため任命を受け入れた。そこへ、モンゴル人民共和国からサンジャイという男がやってきた。ムグデンボーは彼を馬群の放牧者として「雇った」。サンジャイは内務省の諜報員だった。

中国共産党はチャハル盟の各旗で矢継ぎ早に人民政府を作っていったが、モンゴル人社会内の怠け者やチンピラを選んで「新政府の幹部」に採用した。チャハルにはまた中国人の入植者も多く、人口の面ですでにモンゴル人を逆転していたが、こちらも同様に匪賊出身者を優先的に政府職員に抜擢した。それまでは調和的な社会だったのに、中国共産党がアウトローを政府幹部や党員に採用したことで、モンゴル人と中国人社会内の不満が一気に高まった。すると、共産党はそれまで徳王政権時代で活躍していた人物たちを「日本のスパイ」や「漢奸」として処刑した。例えば、ムグデンボーがモンゴル軍第七師団長だった頃に参謀長を務めていたゴリミンセも逮捕された。新生のチャハル盟政府と各旗の実権をすべて外来の中国人が掌握し、ムグデンボーは完全に排除された。

ムグデンボーが最も不満だったのは、中国共産党人民解放軍の兵士や幹部たちがモンゴル人女性をレイプすることだった。「群衆のものは針一本もただでもらわない、女性を侮辱しない」と宣伝していたのとはまったく違って、遊牧民の天幕に入っては肉と乳製品を略奪し、そして女性を強姦する事件が各地で多発した。

「モンゴル人が不満をこぼすとすぐさま対日協力者だとレッテルを帖られる。しかし、日本人は内モンゴルで略奪やレイプはしなかった」

とムグデンボーは同志たちに悩みを打ち明けて、対策を練り始めていた。

†中共への懐疑

一九四六年十月に入ると、国共内戦は全面的に勃発した。

中国人は国民党も共産党も内戦で主導権を握ろうとするが、少数民族の将来なんぞ、そもそも彼らの眼中になかった。中国はどういう方向へ向かうのか。モンゴルなどの少数民族は中国でいかなる自決と自治を獲得するか。これらはすべて未解決の問題だった。そこで、ムグデンボーはウランバートルから持参してきたマルクスやレーニンの民族理論を研究し、毛沢東の『連合政府論』も読んでから、「目下の内モンゴル政策に関する意見書」を書きあげた。

ムグデンボーの意見書は以下の五部からなる。

一、清朝の対内モンゴル政策。

二、国民党の対内モンゴル政策。

三、中国共産党の「三五宣言」と内モンゴルのモンゴル人の願望。

四、これまでに現れた、モンゴル社会の実情に合わない事実。
五、内モンゴル自治に関する意見。

ムグデンボーの文章は清朝時代の民族政策をまとめ、そして国共両党の政策を比較してから、将来の自治について実情に即した政策を進めるよう進言したものだった。国民党は孫文の思想を継承しており、そもそもモンゴルや満洲人は駆逐の対象だった。蔣介石総統は、「少数民族は漢族の一分枝（宗族《そうぞく》）に過ぎない」との見方を示して、その存在すら認めようとしなかった。一方、中国共産党は結党当初から声高に少数民族の独立を支持すると公言していた。そして、一九三五年秋には「三五宣言」を公布し、モンゴルの独立ないしは高度の自治に賛同するとの立場を表明していた（次章参照）。ムグデンボーは当然、こうした現代史の変遷を把握していたのである。

ムグデンボーは自分の意見書を二部書き写し、一部をモンゴル人民共和国政府に提出し、もう一部を鑲黄旗南部のドローンホタに駐屯するウリジーオチルに渡した。ウリジーオチルは徳王政権のモンゴル軍第九師団長だったが、彼はコミンテルンの諜報員でもあった。日本がモンゴルから撤退した後、彼の軍隊は一時、モンゴル人民共和国内に移動し、再教育を受けながら民族の統一に備えた。しかし、統一が不可能となると、彼もまた軍を率いて内モンゴルに戻り、中国共産党軍と合流した。民族の統一は至上の理念であるが、それが実現不可能となった場合は、さしあたり異なる国家内で共産革命を進めるしかない、とウリジーオチルは考えていた。何しろ、中国共産党もコミンテルンの支部だったから、ソ連型の民族自治は可能であろう、とウリジーオチルのようなモンゴル人共産主義者たちは認識していた。

暮れの十二月末に、父は私を連れて、ウリジーオチル師団長に会った。彼らは数日間、ずっと会議を開き、ゴンボジャブ政治委員と「モンゴル青年同盟」のガワーピラ、それにブレンサインもいた。数日後、ゴンボジャブ政治委員は父に話した。「貴殿は有名人なので、しばらくは避難した方がいい」という。父は彼ら全員に駿馬を一頭ずつ渡してから、シリーンゴル盟オンゲン寺へ疎開した。祖母と母、それに継母の香梅、私と妻、二人の妹も一緒だった。

避難とは、中国共産党が断行する粛清と虐殺からの逃避行を指す。国共内戦で共産党はこの時期に不利な立場に立たされているにもかかわらず、いや、不利だからこそ、彼らが敵視する人物たちを逮捕しては処刑していた。ソ連も対独戦争中に内部粛清を進めていたし、中国共産党も国民党との対戦が激化するほど、「内部の敵」を殺害していた。

写真19　シリーンゴル草原に建つチベット仏教の廃寺。中国共産党に破壊されたものである。

†モンゴル人民共和国からの指令

一九四七年三月中旬のある日、鑲黄旗第三佐領のモンゴル人、シャンジがモンゴル人民共和国からオンゲン寺に避難中のムグデンボーを訪ねてきた。シリーンゴルの草原にはチベット仏教の寺院が点々と分布し、遊牧民の精神的なよりどころだった（写真19）。時を同じくして、ジャラガラン（徳古来）も中国共産党の内モンゴル自治運動連合会から脱出して、ムグデンボーのところにやってきた。ウラーンフーこと雲沢も部下たちを連れてモンゴル人民共和国に近い国境地帯まで逃亡していた。

「北京に行き、徳王殿を説得せよ」

「場合によっては、徳王殿をウランバートルに連れてくるように」

との書簡をシャンジはモンゴル人民共和国から持参してきたのである。敗戦時の徳王は一九四五年八月に日本軍と共に北京に移動し、その後は重慶に向かって蔣介石総統に面会し、高度の自治を求め続けた。蔣介石も口では自治を許すと言いながら、共産党掃討を優先していた。失意の徳王は仕方なく北京に蟄居し、アメリカと交渉しながら、再起を目指していた。このような徳王の動向にモンゴル人民共和国はずっと注視し続けていたのである。

「徳王は蒙奸だ」

とのビラを敗戦の時に南進してきたモンゴル人民共和国軍は配っていた。徳王もそれを見て、仕方なく日本軍と共に北京に移ったのである。その後、内モンゴルの自治にはやはり徳王の存在が欠かせないし、その徳王を国民党側に押し出してはいけない、とモンゴル人民共和国が判断したので、ムグデンボーに書簡を出してきたのである。ムグデンボーはウランバートルからの任務と指示をそのままジャラガランに伝え、徳王への伝言を託してから彼を張家口まで送り届けた。ムグデンボーは徳王とのやり取りについて、二回ほどシャンジを通してモンゴル人民共和国に報告していた。

国共内戦は中国人同士の戦いで、モンゴル人は距離を置くべきだ、とムグデンボーは唱えていた。日本が撤退した後、満洲国の五個師団と徳王政権の九個師団もの騎兵を見て、国共両党とも垂涎した。一流の近代的な装備を擁した、生まれつきの遊牧戦士を味方にすれば、戦いを有利に進めることができるからだ。

モンゴル人もまたそれぞれの政治理念と実利から、国民党と共産党の双方に分かれていった。

民族の分断が進み、兄弟同士で、血で血を洗う戦争に巻き込まれた。ムグデンボーはそのような状況を見て、深く憂慮していたので、一九四七年四月下旬に「内戦から離脱する委員会」の成立を表明した。彼の行動には、多くの知識人が賛同した。

ムグデンボーは「内戦離脱委員会成立宣言書」を書き上げてから、チャハル盟各旗と共産党陣営内のウリジーオチル師団長に配った。内戦から離脱するとは、実際は国民党側に立つことを意味する。というのも、国民党が当時の中華民国の政権与党であるからだ。国民党側もそれを利用し、軍を派遣してムグデンボーを避難先から張家口まで迎えた。そして、傅作義将軍は直ちにムグデンボーをチャハル盟第一区保安少将司令官に任命した。傅作義はこの時、華北の国民党軍の最高司令官であった。

ムグデンボーが国共内戦から離脱すると宣言していたその時、雲沢ら共産党系の内モンゴル自治運動連合は王爺廟に集まって、内モンゴル自治政府の成立を急いでいた。彼らはここでもかつて日本時代の有力者たちや、日本への留学生たちを「親日分子」として処刑し、粛清を展開していた。ムグデンボーは特に日本に留学した経験を持つ、若いモンゴル人たちが共産党に殺害されるのが我慢できなかった。

†国民政府の政策

内モンゴル自治政府が成立しても、中国共産党が勝つ、という保証はなかった。それに、ムグデンボーの膝元である鑲黄旗のモンゴル人保安部隊は反共の立場を貫いていた。反共産党にしろ、親国民党にしろ、モンゴル人は古くからのシャーマニズムに加えてチベット仏教を信仰する。チベット仏教もモンゴルに伝わってからシャーマニズムの影響を受け、僧侶はシャーマンの役割を兼ねる。

写真20　モンゴルの聖地オボー。武器が祭られ、モンゴル軍の戦勝を祈願する場である。

一九四七年冬のある日、鑲黄旗の保安隊はラムタン隊長に率いられてホンゴルウーラ山に登った。彼らは山中の聖地オボーの周りに整列し、僧侶を呼んできて古い儀式をおこなった。烈風が吹き荒ぶ中で、一同は中国共産党軍が滅ぶよう、呪いをかける式典に参列した。近代革命の時代になっても、ユーラシアの騎馬戦士たちは古風な鼓舞が欠かせなかったからである(写真20)。

しかし、呪われたというニュースが共産党側に伝わると、人民解放軍は進撃し、僧侶を捕まえて処刑した。当然、鑲黄旗保安隊も反撃し、モンゴル人同士で殺し合う戦争は一進一退した。まさにムグデンボーが危惧する事態が日増しにひどくなってきたのである。

反共産党のモンゴル人がいれば、親国民党のモンゴル人も当然いた。中華民国政府は一九四八年三月二十九日から五月一日にかけて、首都南京で第一回国民代表大会を開催した。モンゴル人代表は計五十三人で、これには内モンゴルだけでなく、青海省と東トルキスタン（現新疆ウイグル自治区）のモンゴル人も含まれていた。大会の後にはまた二十一人のモンゴル人立法委員が選ばれた。

ムグデンボーは国民代表にも、立法委員にもならなかった。彼は逆に「内モンゴル高度自治請願委員会」を組織して、自ら団長になった。国民代表や立法委員に選ばれたモンゴル人たちは中華民国政府内でモンゴル人の自治を実施しようとしたが、ムグデンボーからすれば、それは中国共産党に追随するのと大差はなかった。モンゴル人民共和国との統一が困難となった以上は、高度の自治でなければならない、との立場である。

当然、国民代表大会の開会中に高度の自治を求めることにはリスクが伴う。少なくとも、請願運動を進めた人たちは、中華民国政府に重用される可能性は消えるからだ。ムグデンボーはそうした政治的なリスクを覚悟したうえで、高度の自治を求め続けた。彼が主導した請願運動には徳王政権時代に行政院長を務めた呉鶴齢、内モンゴル人民革命党の指導者であるボヤンタイ（白雲梯）らも参加した。

中華民国の国民党はモンゴル人に高度の自治を与えなかった。モンゴル人の一部は国民政府の立法委員になっただけで満足した。しかし、青年たちの多くは国民党よりもアメリカの力を借りて独自の自治ないしは独立を目指そうと動き出した。徳王の秘書だったジャチスチン（札奇斯欽、後に著名なモンゴル学者になる）や満洲国出身で、北京大学を出たダワーオセルらがその代表である。

内戦の虜囚

ムグデンボーは南京での請願が失敗すると、北京に戻り、趙府街にある邸宅に入って思考に耽った。

一九四八年六月になると、国民党軍の敗退が各地で始まったので、中華民国政府は余計、モンゴル人の高度の自治に関心を示さなくなった。父にはまた、「徳王殿を内モンゴルに連れて帰り、自治運動をリードするように」というモンゴル人民共和国からの指令もあったが、それも実現できなかった。内モンゴルには徳王に用意する転地がなく、すべて共産党に支配されていたからだ。

息子のソナムダルジャイが傍から見ていた父親である。

内モンゴル東部の旧満洲と中央部のチャハルとシリーンゴル草原が共産党に占領された後、残された空白は西のオルドス高原とアラシャン沙漠だけとなった。徳王の元秘書だったジャチスチンやゴンボジャブらが「モンゴル青年同盟」を結成して、アメリカの支援を得て、内モンゴル最西端のアラシャン沙漠で自決運動を進めようと動き出した一九四八年夏のある日、ウユーンビリク（趙誠璧）という青年がムグデンボーの邸宅の玄関を叩いた。チャハル盟ミンガン旗出身のウユーンビリクは日中戦争中も国民党に追随して重慶に滞在し、「日本に協力した前科」がなかったことから、戦後は国民党綏遠省党部書記に任命されていた。ムグデンボーは若きウユーンビリクに以下のように話した。

国民党の敗退はもはや止まらないし、共産党の勝利も近いだろう。我々モンゴル人はどうすればいいのか。やはり、徳王しかいない。徳王は今、青年たちと共にアラシャン地域で自治政府を創ろうとしているので、私も参加する予定だ。具体的にはまずチャハルに帰って軍隊を組織してから西のアラシャンに行って合流する。万が一失敗しても、モンゴル人民共和国に亡命する方法がある。そして、徳王を内モンゴルに連れて帰るという任務も完遂できる。

このように、ムグデンボーはあくまでもモンゴル人独自の政府を建立しようと願っていた。彼からすれば、国民政府も共産党もどちらも信用できなかった。そして、彼はモンゴル人民共和国から与えられた任務に忠実だった。ウユーンビリクもムグデンボーの計画に賛成し、二人で一緒に北京にある徳王の邸宅に行って、報告した。

中国共産党の人民解放軍が北平（現北京）郊外に現れた一九四八年十二月の上旬、ムグデンボーとウユーンビリク、それに長男のソナムダルジャイは張家口駅に降り立った。彼らはトラック二台にガソリンを入れて、張北を経由してチャハルの徳化に入ったところ、北京に居残っていた第二夫人、香梅から電話がかかってきた。家族は全員、西の蘭州に飛ぶ予定だ、と告げられた。ダワーオセルとホンヌードンドプ（シリーンゴル盟アバガ旗の王）らモンゴル人青年たちのために、アメリカ政府が飛行機を用意したので、それに同乗するという。

父は私に即刻、北京に引き返して邸宅を整理してからチャハルに帰るよう、指示した。私はそこから南へと北京を目指したが、それが父との永別だった。人民解放軍が一九四八年十二月末に北京を包囲し、翌四九年一月末に入城したからである。

北平の主が国民党から共産党に代わっていた一九四八年十二月末、ムグデンボーの部下で、国民党鑲黄旗党部書記のゲンジュールが一つのニュースをソナムダルジャイに伝えてきた。ムグデンボーとウユーンビリクは張家口近くの新保安というところで、林彪将軍の指揮する人民解放軍の捕虜となった、という。

捕虜、と聞いて私は少し安心した。というのも華北地区国民党最高司令官の傅作義が人民解放軍に北平を明け渡す時に協定を結んでいたのだが、その協定には北平と張家口に駐屯する国民党軍の尉官以上の幹部はすべて義挙を起こした人物として見なす、とあったからだ。父は少将なので、当然、その類に入る。

中国共産党は勿論、傅作義将軍との約束をまったく守らなかった。国民党軍内の将校で、反共的な態度を取る人物は片っ端から処刑された。中華人民共和国水利大臣という何ら実権のないポストについていた傅作義将軍には部下を守る力も残っていなかった。これらはすべて、後日の歴史である。

「父のムグデンボーはどこにいるのだろう」

とソナムダルジャイは一九四九年一月に共産党占領下の北平から張家口にやってきて、探した。

「お父様は、張家口市内のチャハル飯店に一時、勾留されていたが、まもなくベースン寺（貝子廟）に移されたらしい」

と張家口で会ったダシガワーという人物がそう語った。彼はムグデンボーの護衛だった。

「ベースン寺に移された」

これがソナムダルジャイの入手した父親ムグデンボーに関する最後の消息である。

最後の自決

ソナムダルジャイがその父親のムグデンボーと別れて旅路を急いでいた頃、徳王は一九四九年一月一日に北平から南京へと脱出していた。そして、四月に内モンゴル最西端のアラシャン沙漠の定遠営に到着し、各地から馳せ参じてきた青年や軍人たちを集めて、ふたたび自決運動を始めた。

張家口で父親を捜していたソナムダルジャイはそのまま列車に乗って北上し、黄河の要衝である包頭を経由してウラト中公旗に着いた。ウラト中公旗はモンゴル人民共和国に近く、そこには親友のペルレが待っていた。ペルレは徳王のモンゴル軍第七師団長ダムリンスレンの息子で、アルタンオチルというスニト右旗の公と共にいた。二人は徳王の指令を帯びて、モンゴル人民共和国との連絡を担っていた。

「アルタンオチルは七台もの無線を持ち、方々から情報が入っていた。中国共産党が草原で日本留学生を逮捕し、処刑していると聞いて、我々もウラト中公旗を離れて西のアラシャン沙漠へ行くことにした」

とソナムダルジャイは回顧する。

アラシャン沙漠では、モンゴル軍も二千人ほど結集していたが、戦馬の食べる牧草がなかったので、全員ラクダに乗り換えた。徳王はムグデンボーに篤い信頼を寄せていたので、その息子のソナムダルジャイの到着を喜んだ。ソナムダルジャイは徳王の警備中隊長に任命された。

徳王は八月一日にモンゴル自治政府の成立を宣言してから、ふたたび日本統治時代のチンギス・ハーン紀元を用いて毛沢東とモンゴル人民共和国に書簡を送って、高度の自治の実現を求め続けていた。しかし、毛沢東は沙漠の中のモンゴル人の政治活動に何ら関心がなく、十月一日に天安門の城楼から中華人民共和国の成立を発表した。

中国での自決が絶望的と判断した徳王は十二月二十九日、極少数の部下を伴って、モンゴル人民共和国に亡命した。ソナムダルジャイは警備中隊を連れて、国境まで徳王を護衛した。

徳王がモンゴル人民共和国に渡った後、モンゴル軍の一部は西へ進軍を続けたが、やがて人民解放軍と遭遇し、全員、戦死した。

†謎の最期

ソナムダルジャイはその後、甘粛省の省都蘭州に行って、家族を内モンゴルに連れてきた。

写真21　社会主義時代のモンゴル人民共和国で粛清された人々の頭蓋骨。頭部に弾痕が残っている（2017年9月撮影）

中国共産党は北京と張家口、それにチャハルにあったムグデンボーの全財産を没収した。「反革命分子」とされると、本人だけでなく、家族もすべて連帯責任が取らされる。ソナムダルジャイと母親はチャハルで、第二夫人の香梅はバヤンノール盟でそれぞれ強制労働への従事を命じられた。

「モンゴル民族の自決のために努力してきた人間が、あまりにもあっけなく消されてしまったのではないか」

と私はソナムダルジャイに話した。

ソナムダルジャイたちが何回もウランバートルを訪ね、内務省やチョイバルサン元帥の身辺にいた関係者たちから話を聞いた結果、以下のような状況が

写真22　チベット仏教の名刹ダムバダルジャイ寺の境内に残る病院跡。ここに多数の日本兵捕虜が勾留されていた。

明るみになった。

ムグデンボーが逮捕されたのは、一九五〇年二月二十八日だった。その前日に、徳王が逮捕されている。徳王はモンゴル人民共和国に亡命してからしばらくは客人の待遇を受けていたが、後に囚人となり、厳しい尋問を受けてから、九月十八日に中国へ強制送還され、一九六六年にフフホト市で亡くなった。

ムグデンボーの処遇については、内務省特別委員会が検討した。特別委員会はロシア人二人と、モンゴル人一人からなる。そのたった一人のモンゴル人がチョイバルサン元帥だった。検討の結果、銃殺刑が決定された。第二章の冒頭で示したモンゴル国最高検察院の文書では、「一九五〇年三月十日に出された第一号決定に従い、銃殺刑が言い渡された」となっている（写真21）。

「三人からなる特別委員会でもチョイバルサン元帥は少数派で、ロシア人の意向に沿わなければならなかっただろう。ウランバートル市郊外のダムバダルジャイという寺院の近くにある、チャガン・ダワーという山間で、処刑されたそうだ。十三人が一緒に殺されたという」とソナムダルジャイが調査した結果を静かに語る。

ダムバダルジャイは現在、大きく発展したウランバートル市内の北にある。第二次世界大戦後、ソ連に抑留された日本兵捕虜の一部、一万二千三百人がモンゴル人民共和国に回された。その日本兵捕虜たちもまたこのダムバダルジャイ寺付近に勾留され、働かされていた（写真22）。捕虜たちの中から死者が出ると、その北側の山間に埋葬された。現地で亡くなった日本兵の場合、日本政府厚生省（当時）は一九九九年三月に遺骨を荼毘《だび》に付して持ち帰った（楊海英『続墓標なき草原』）。しかし、モンゴル人のムグデンボーの遺骨はいまだに見つかっていない。

一九八七年に一度、ウランバートルに行った。父と連絡し合っていた内務省のセリンダルジャイも亡くなっていた。それ以降、五年に一度、モンゴルで開かれる国際モンゴル学会にも参加し、情報を集めた。父の弁護人を務めたトゥルバトという人にも会ったので、ウランバートルで銃殺されたのは、間違いない。

中国は何らかの理由で、自国領のウラーンホト（旧王爺廟）で父を処刑したと主張しているが、公文書を公開していない。

父は張家口で人民解放軍の捕虜となり、それからベースン寺（貝子廟）を経由してウラーンホトに護送された。ウラーンホトからさらにウランバートルに移動させられた。当時、社会主義国家同士の内務省は互いに連携し合っていたので、父のような民族統一を目指す民族主義者の生存は許されなかっただろう。

ソナムダルジャイの分析である。

「共産党の赤い太陽が草原の黒い霧を駆逐した」と中国共産党は内モンゴルの占領を宣伝する。モンゴル人からすると、黒い霧は草原に闖入した中国人移民と軍閥だった。赤い太陽は確かに昇ったが、消されたのはモンゴル人の英雄たちである。次章では、中国共産党という「太陽」がどのようにモンゴル草原に昇ったかについて述べる。

第四章　万里の長逃――中国共産党によるモンゴル分断

†「月光妃」から生まれた王子

一九一五年六月七日（陰暦四月二十五日）。

オルドス高原西部のウリジーウンドゥルという草原に置かれていたウーシン旗の王府内で、若い妃が陣痛を訴えていた。白髪の助産婦がサランゲレル妃に優しく話しかけて励ましながら、両手で生まれてきた男の子を受け取った。沙に落ちないように直接抱き上げて、妃に見せた。

ウリジーウンドゥルとは「吉祥なる峠」で、サランゲレルとは、「月光」を指す。「吉祥なる峠の上で、月のように美しい妃から生まれた王子」は、チンギス・ハーンの第三十七代目の直系子孫である。旗王チャクドラセレンはこの王子にラドナバンザルという名を付けた。

旗王チャクドラセレンには四人の妃がおり、「月光妃《サランゲレル》」は第三夫人である（一一七頁系譜図参照。写真23）。この第三夫人から三男四女が生まれている。ラドナバンザルは王の三男である。長兄

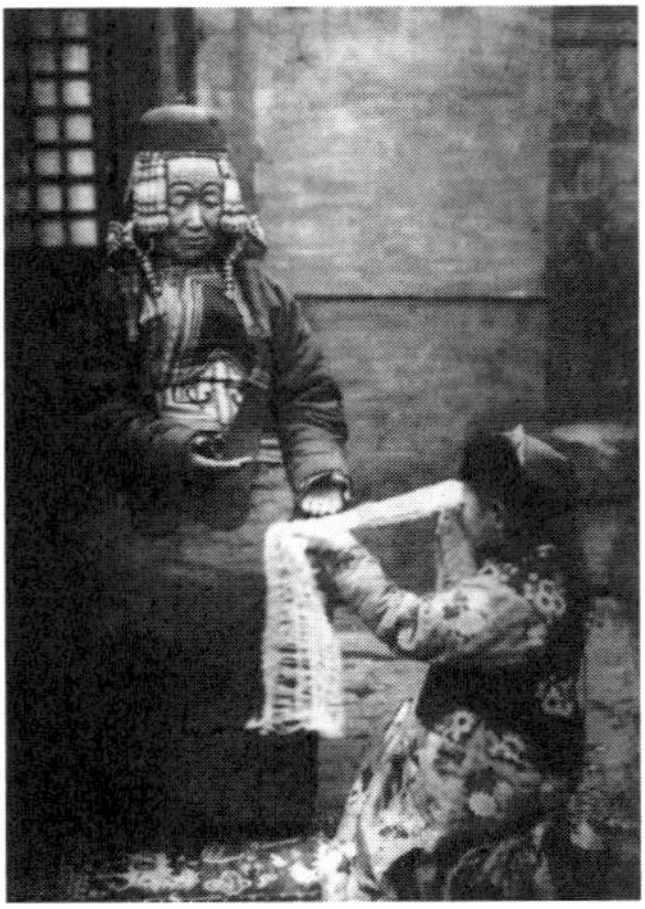

写真23　サランゲレル妃（写真提供：Deching）

はテグスアムーラン（奇徳山）で、次兄の名をタルビジャルサンという。長兄のテグスアムーランは後にウーシン旗の王位を継承して、第十二代目の王《ジャサク》になる。オルドスのモンゴル人が十七世紀に満洲人の清朝に帰順してから、チンギス・ハーンの直系子孫たちが各旗の世襲の王位についてきた。

旗王チャクドラセレンの三男、ラドナバンザルがこれから本書の主人公になる。

ラドナバンザルにはまた奇玉山《チーユーシャン》という中国名がある。奇という漢字の姓は、キヤトの頭文字キに当てた漢字である。チンギス・ハーンを生んだ黄金家族はキヤト・ボルジギンという氏族に属す。近代に入ってから、西洋の姓名観がユーラシア東部の草原地帯に伝わると、モンゴル人たちは氏族を姓に置き換えて表現した。そして、内モンゴルでは、その氏族名を漢字で表現する人々が増えた。満洲国のモンゴル人貴族はボルジギンの頭文字ボに「包」や「鮑」、それに「暴」といった字を当てたのに対し、オルドスの貴族は奇という漢字の姓を名乗った。一種の流行である。そのため、ラドナバンザルもモンゴル人社会内では奇玉山という漢字の名で

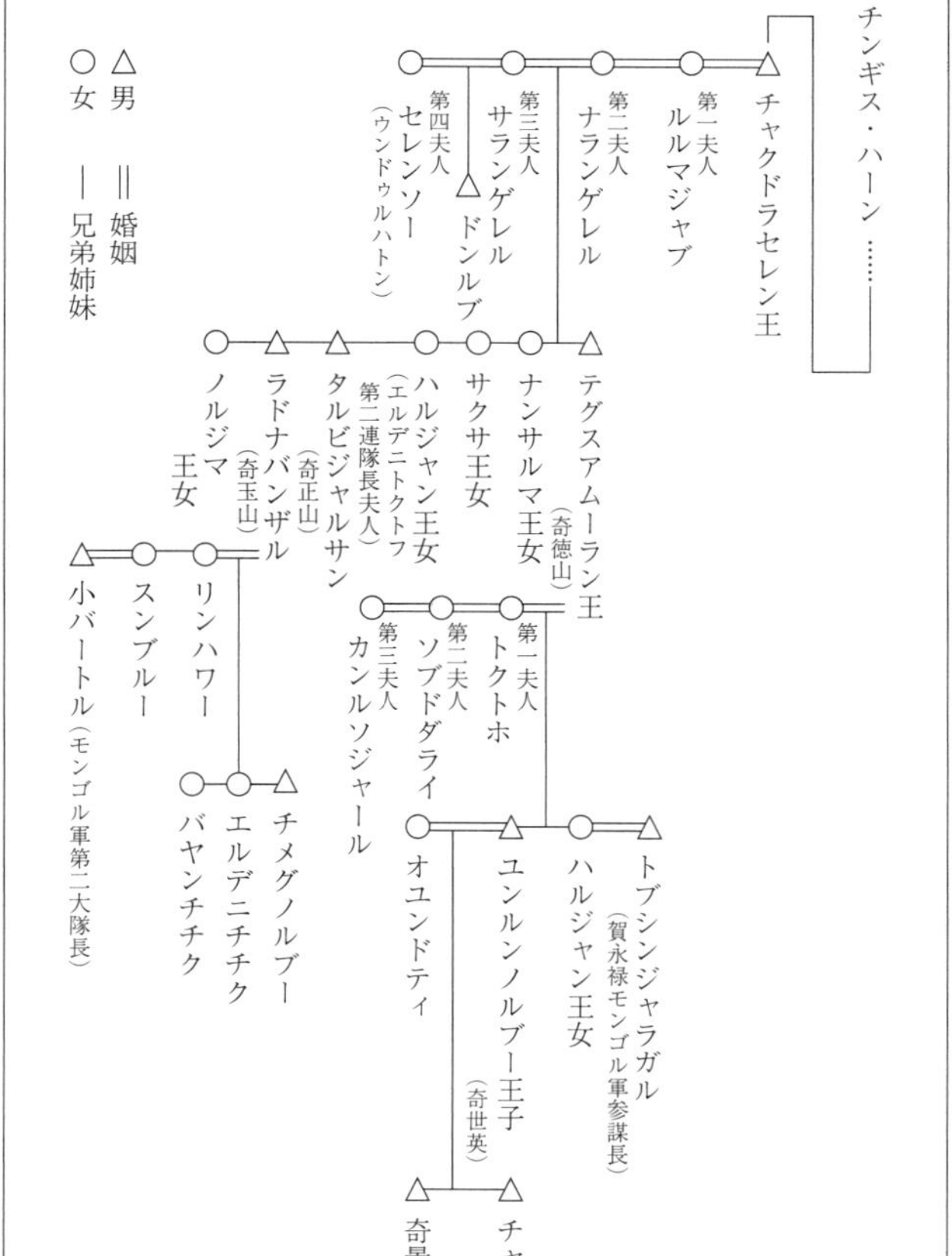

オルドス・モンゴルのウーシン旗ジャサク（王）系譜図

写真24　清朝の乾隆年間に建てられたウーシンジョー寺の仏塔

親しく呼ばれることが多い。本書でも、以下ではモンゴル人の情念に沿って、彼の漢字の名を使う。

長男テグスアムーランは王位継承者であるので、幼少時から特別な帝王教育を受けるが、次男と三男は出家を命じられた。奇玉山が七歳になった時のことだ。チャクドラセレン王は彼と兄のタルビジャルサン（奇正山）を旗内の名刹、清朝の乾隆年間に建てられたウーシンジョー寺の高僧、ザンボードンロプの弟子にした。ザンボードンロプは妃サランゲレルの兄にあたり、ウーシンジョー寺は王一族の菩提寺である。ウーシンジョー寺は「吉祥なる峠」にある王府から北へ約百五十キロ離れた草原にある（写真24）。

†コミンテルンの嵐

奇玉山が生まれた時のオルドスには、猛烈な反中国人植民の嵐が吹いていた。ウーシン旗はその南部が陝西省と接し、万里の長城がモンゴルと中国の境界として横たわっている。清朝末期になると、中国人難民は洪水のようにそれまで禁止されていたモンゴルに闖入してきて、草原を開墾しては沙漠に変えていった。ウーシン旗でも当然、貴族も庶民も一致団結して中国人移民に抵抗していた。モンゴル人の一部は、日ごとに膨張する中国人移民を阻止できないのは、王や貴族たちが無能だからだと認識するようになった。当然、彼らは中華民国ではなく、北のボグド・ハーン政権に支援を求めようとしてウルガ（現ウランバートル）を訪れていた。

ところが、そのボグド・ハーンも一九二四年に逝去すると、モンゴル高原では共産主義革命が発生し、世界で二番目の社会主義政権が誕生した。こうした激変をウルガことウランバートルで目撃していたオルドスの上告団は次第に過激化した。彼らはその共産主義思想をオルドスに持ち帰ったのである。

ウランバートルに上告に行っていたオルドス・モンゴル人のリーダーはウリジージャラガル（別称シニ・ラマ）で、彼は一九二五年十月に張家口で成立した内モンゴル人民革命党の中央執行委員候補であった。ウランバートルからオルドスのウーシン旗に帰ったウリジージャラガルは内モンゴル人民革命軍第十二連隊を組織し、コミンテルンの政治指導を受けて共産革命を始めた。ここで、モンゴル人の反中国人植民の闘争と国際共産主義思想が合体したのである。中国の植民地支配からモンゴル人を徹底的に解放するには、古い王制を改革するだけでは物足りない、と彼らは主張した。すべて、モンゴル人民共和国での社会主義化政策を模倣したやり方

写真25　中央左からテグスアムーラン王、サランゲレル妃。前列右が奇玉山。顔は後日に中国共産党に塗りつぶされている（写真提供：Chaghalai）

である。コミンテルンとモンゴル人民共和国はオスマノフとオチロフ、それにバトセレンとバトベレクら七人を派遣して、オルドスの革命運動を指導した。そのうちバトセレンとバトベレクは地元ウーシン旗の出身で、ソ連邦のブリヤート・モンゴル自治共和国のドルジワンチュクの指導を受けていた。モンゴルの各集団の中でいち早く覚醒したブリヤート・モンゴル人たちはロシア人と共に革命を指導する立場にあったからである。

一九二六年にウリジージャラガルがウランバートルから大量の武器弾薬を運んできて、内モンゴル人民革命軍第十二連隊を拡充しようとした時に、ウーシン旗の王一族はテメート城へ逃亡した。テメートとはモンゴル語で「ラクダのいる城」との意で、長城の要塞、楡林《ゆりん》のモンゴル名である。北京から張家口を経由し、イスラームの中央アジアに通じるキャラバンが途中、足を休ませる地だったので、このような地名が定着した。テメートこと楡林城は中国の地で、陝西省の管轄下にあったので、内モンゴル人民革命軍も進攻して行って、逃亡した王を捕まえることはできない。この時、ウーシン旗の王《ジャサク》はすでにチャクドラセレンからテグスアムーランに代わっていた（写真25）。奇玉山と奇正山兄弟も兄と共に、テメート城に亡命した。

奇玉山と兄のテグスアムーラン王は、一九二九年夏に革命の暴力を間近で経験した。テメート城はやはり中国人の都市であり、モンゴル人は暮らしにくかったので、一家は一九二九年春にはウーシン旗東部と隣接するジャサク旗のバンダイドガン寺に避難していた。中華民国になってすでに七年の歳月が過ぎても、モンゴル人たちはまだ清朝時代の風習を堅く守っていた。それは、王は勝手に他旗の領内に入ってはいけないというルールだった。奇玉山兄弟三人は丁重にジャサク旗の許諾を得て、寺院内で静かに暮らしていた。当然、軍隊も他旗に侵入してはいけなかった。

しかし、時代は革命期に入っていた。内モンゴル人民革命軍第十二連隊の指導者ムンフウリジーという男が軍を連れてバンダイドガン寺を急襲し、王と奇玉山兄弟を逮捕した。ムンフウリジーは王と奇玉山たちをウーシン旗へ連れ戻す途中、一キロ行くごとに、王家の護衛部隊の兵士を一人、王の目の前で射殺した。王は、十八人の衛兵を失いながら、王府に帰還した。この時、王府はダブチャクという平野に移動してきていた。ダブチャクの王府に着いた時、兄のテグスアムーラン王は失神していたそうだが、王の印璽を背負っていた奇玉山は顔色一つ変えなかったそうだ。この共産主義革命の血腥い洗礼を浴びてから、兄のテグスアムーランは政治と俗世間に対する意欲を完全に失うのに対し、奇玉山は逆に冷静沈着な人間になっていく。

†早熟の青年政治家

暴力を嗜好する革命家ムンフウリジーに連れられて帰ってまもなく、奇玉山と次兄の奇正山はふたたび、逃亡した。二人の王子と逃避行を共にしていたのは、貴族のワンチュクラブダンである。この三人の若い貴族はオルドス北東部のハンギン旗から黄河を東へと渡り、一九三〇年にシリーンゴル盟のベーレンスメ寺（百霊廟）に飄然と現れた。ベーレンスメ寺にはチベットの政教一致の指導者、パンチェン・ラマが滞在し、徳王の自決運動を支援していた。パンチェン・ラマの身辺にはチャガンドンという、ウーシン旗の青年貴族が秘書を務めていた。モンゴル人はチベット仏教を信仰する。チベットの政教一致の指導者が徳王と合流したことで、自決運動は炎のように高まってきた。

革命家ムンフウリジーも老練な政治的手腕を発揮した。若い貴族が草原を流浪している、という現象は彼にとっても不名誉なことだ。彼は密使を送って説得し、一九三三年に奇玉山兄弟をウーシン旗に連れ戻した。今度のムンフウリジーは殺人ではなく、結婚という手段を講じた。清朝時代に駅站の伝令兵だったセダンドルジという男の娘リンハワーを奇玉山の嫁として迎えた。リンハワーとは「蓮花」との意で、奇玉山と同じく十八歳になったばかりだった。二人の結婚式は旗政府の正式な行事としておこなわれた。モンゴルでは娘が嫁ぐ時に髪型を結い直す儀礼がある。髪型を結い直す人物は夫婦円満で、社会内で尊敬を受ける長老夫妻でなければならない。ムンフウリジーは奇玉山の妃、リンハワーの髪型を結い直したことで、新郎新婦の「髪型の父親《ウスン・エチゲ》」となった。新郎新婦は「髪型の父親」に対して、生みの親と同様な敬意を払わなければならない（写真26）。

翌年、ムンフウリジーは内モンゴル人民革命軍第十二連隊の連隊長ポストから降りて、包頭に移住した。一九三七年十月十七日に徳王のモンゴル軍と日本軍が包頭を占領すると、ムンフウリジーはオルドス駐徳王政権の代表に任じられた。ムンフウリジーが去った後、ウーシン旗のモンゴル軍はすべて、十八歳の若き奇玉山に忠誠を誓った。この時、兄のテグスアムーラン王は臣下たちと会うこともなく、昼夜逆転した生活を送っていたので、「眠りの王様《ウンターハイ・ノヤン》」と人々の間で呼ばれるようになった。激動の時代のモンゴルの政治の重荷は否応なしに、青年奇玉山の肩に載せられた。早熟した奇玉山はモンゴル

写真26　伝統的な衣装をまとっている1940年代初期のオルドス・モンゴル人

人の待望を受け入れた。

†中国人の義兄弟

「布靴にロシア風の靴下、名前を聞いてみたら、シナ人の張《チャン》だという」(モンゴル語ではongin shakhai Oros oyimus, obugh yin asubal jangjin shimaという)

これは一九三〇年代末にオルドスで流行った民謡で、オルドスに現れた共産党員の風貌を唄ったものである。ウーシン旗の王府にもまた、「布靴にロシア風の靴下」を履いた中国人が頻繁に現れるようになった。彼らは酷く訛ったモンゴル語を操りながら、熱心にテグスアムーラン王と義兄弟の契《ちぎ》りを結ぶことを懇願する。テグスアムーラン王も簡単にそのような中国人の願望を受け入れてしまうので、彼の義兄弟は日ごとに増えていった。中国人と義兄弟の契りを締結する兄のテグスアムーラン王を奇玉山は傍から苦々しい気持ちで眺めていた。一九三五年初秋のことである。

王と義兄弟の契りを結ぼうとする中国人たちは、ウーシン旗保安大隊の大隊長ナソンデレゲル(雷寿昌)と兄奇正山が連れてきた中国共産党員たちである。モンゴル人は当時、「赤い党《ウラーンナム》」や「革命《ガーミン》」と称する中国人たちと、チンギス・ハーンの直系子孫にして旗の王が、義兄弟の契りを交わすのに不満だった。

王府にやってきたのは陝西省北部の共産党員たちで、高崗《こうこう》という高官が派遣した趙通儒《ちょうつうじゅ》ら八人だった。彼らはアヘンをどっさりと運んできてテグスアムーラン王に贈り、そのまま一カ月も滞在した。もてなしの文化を持つモンゴル人は毎日、彼らにありったけのご馳走を提供した。趙通儒もまたモンゴル人が一番聞きたい言葉を口にして喜ばせた。

「もし貴方たちが望むなら、独立するまで、中国共産党は支持する」

という美しい将来像である。

モンゴルには古くからアンダという義兄弟を結ぶ習慣がある。かのチンギス・ハーンも少年時代にいろいろな部族や氏族の人たちと義兄弟の関係を結んだ。義兄弟アンダの一部は彼の終生の友となり、別の何人かとは袂を分かって対決した。義兄弟を本当の兄弟と同じように遇するのが、遊牧民の伝統である。

中国共産党はモンゴル草原に食い込むのに、モンゴル人社会内の古い伝統を利用したのである。中国共産党の公式の記録には、同党の幹部たちとモンゴル人が交わした義兄弟締結の実例を詳しく残しているので、それを時系列的に示しておこう（『烏審旗史志資料』第三輯）。

①一九二六年——中国共産党陝西省北部の最高指導者の高崗らがウーシン旗に入り、シャラスンゴル河（無定河）の南岸に住むモンゴル人のバイントとジングイらと義兄弟の関係を結んだ。

②一九二九年――共産党陝西省北部の高官、曹動之とウーシン旗の保安大隊長ナソンデレゲルが義兄弟となる。
③一九三五年初秋――共産党陝西省北部の高官、趙通儒とウーシン旗の王テグスアムーランが義兄弟となる。
④一九三五年初冬――共産党陝西省北部の最高指導者、高崗がウーシン旗西部のシベル寺の住職モルムジャムソと義兄弟の関係を結ぶ。
⑤一九三六年春――中国共産党の最高指導者毛沢東の弟毛沢民、共産党の高官張徳生、田万生らがウーシン旗西部のシベル寺の住職モルムジャムソと義兄弟の関係を結ぶ。紅軍第二路軍騎兵隊長斉廷珍《さいていちん》と政治委員楊勤生、それに毛沢東の側近張愛萍(一九一〇～二〇〇三)らがウーシン旗保安大隊長ナソンデレゲルと義兄弟の関係を結ぶ。
⑥一九三六年二月――共産党陝西省の最高指導者の高崗と高官の田万生、張愛萍たちがモンゴル人ジングイと高俊峰、貴族ドプチンドルジ(一九一〇～四二。中国名 奇国賢)が義兄弟となる。高崗と張愛萍はドプチンドルジに自動小銃とアヘン、それに絹布を贈った。
⑦一九三六年四月――共産党陝西省の最高指導者高崗がシベル寺の住職モルムジャムソを訪ね、二人が義兄弟の関係を結ぶ。
⑧毛沢民と宋任窮(一九〇九～二〇〇五)、宋時輪(一九〇七～九一)、張徳生、趙通儒らがシベル

寺の住職モルムジャムソと義兄弟の関係を結ぶ。

⑨一九三六年秋――毛沢民と宋任窮、宋時輪と張徳生、それに趙通儒らがウーシン旗の保安大隊長ナソンデレゲルと義兄弟となる。

⑩一九三七年十一月――中国共産党対モンゴル工作委員会の田万生と李生華らがウーシン旗の保安大隊第七中隊長ジグシと義兄弟となる。

⑪一九三七年十二月――中国共産党対モンゴル工作委員会の田万生書記と高官王万永らがウーシン旗のテグスアムーラン王にアヘン七百両《テール》を贈り、義兄弟の関係を結ぶ。

以上のようにモンゴル人と義兄弟の契りを交わした中国共産党側の人物たちを見てみると、すべて錚々たるメンバーである。まず、毛沢民は毛沢東の弟である。張愛萍は一九八二年十一月から中華人民共和国国防部長（防衛大臣）になるし、宋任窮は建国後に共産党東北局書記などを歴任する。宋時輪は中国人民解放軍軍事科学院院長に昇進し、張徳生は第一野戦軍西部副主任となる。高崗は東北こと旧満洲の最高指導者となるものの、一九五四年に毛沢東や劉少奇との政治闘争に敗れて自殺に追い込まれる。ちなみに、高崗と共に陝西省北部共産党をリードしてきた幹部の一人に習仲勲がいたし、彼もまたテグスアムーラン王と義兄弟だった。その習仲勲を父に持つのが、現在の中国共産党中央委員会総書記の習近平である。

†秘密結社の共産党

モンゴル人の有力者、特に貴族と義兄弟の関係を結んだのは、単なる利便的な方策に過ぎなかった、と今日では中国共産党は以下のように公式に認めている（『烏審旗史志資料』第三輯）。

共産党員たちはみな、商売人や医者、それに家畜の放牧者を装ってモンゴルのウーシン旗に潜入していた。潜入してからはモンゴル人のために良いことをしているとアピールする。モンゴル人の利益を優先し、弱い者を助けて群衆の支持を獲得する。そこで信頼関係ができたら、連絡網を作る。その際、モンゴル人のもてなしの文化と客人を大切にする伝統を大いに利用する。具体的には彼らと義兄弟アンダを結ぶ。香を焚いて、互いの血を飲んで宣誓する。そして、しばらく経ってから、我が共産党の政治政策を宣伝する。

これほど素直に、いや、赤裸々に「モンゴル人のもてなしの文化と客人を大切にする伝統を大いに利用」した事実を自慢げに記録した中国共産党に、歴史学者は感謝しなければならないのではないか。中国共産党員は無神論者で、マルクス・レーニン主義の「宗教は人民の精神をマヒさせるアヘンだ」と固く信じていた。しかし、また同時に彼らの多くは中国に古くから続いてきた秘密結社の伝統をも維持していた。いわば、秘密結社の伝統で同志らを固め、そして理念としての共産主義思想を注ぎ込む、という政治組織である。そのためか、「香を焚いて、互いの血を飲んで宣誓する」儀式を何ら違和感もなくモンゴル人を騙すための方便的な策略として、使っていたのである。この点では、歴代の王朝を倒した農民反乱軍がほとんど秘密結社から出発していたという過去の交代劇と変わらない。

共産党員たちは、モンゴルという中国とはまったく別の文明圏に侵入しようとした際には、自らの信念と政治思想を隠すこともいとわなかったのである。義兄弟の契りなんか、しょせんは子供の遊びだと内心ではそう思いながら、それを信じたモンゴル人たちを騙していたのである。毛沢民と張愛萍、それに高崗と宋任窮といった、後に中華人民共和国の建国の功臣となるメンバーと血を飲み合い、互いに忠誠を尽くすという朗々たる宣誓文を交わしても、後日には虐殺され、領土を失う運命から免れなかった。騙された方が悪い、と今日のモンゴル人は誰もがそう認識している。

義兄弟《アンダ》になっても、中国人の侵略は止まらないだろう——二十歳になったばかりの奇玉山はそう思いながら、兄テグスアムーラン王と中国共産党員たちがおこなう儀式を傍観していた。彼はこの時、ウーシン旗保安隊総隊長になっていた。

写真27　中国南部から万里の長逃を経て、陝西省北部に到着した毛沢東（中国革命博物館内のプロパガンダ絵）

†偽文書に基づく宣言

なぜ、これほど大勢の中国人たちが大挙してモンゴル草原に入り、皆笑顔を湛えてアヘンを持参してきて、義兄弟《アンダ》の締結を持ちかけてきたのだろうか。

実は、一九三五年十月に、毛沢東が紅軍を率いて、長距離の逃亡を経て、オルドス高原と隣接する陝西省北部に到着したからである（写真27）。国民政府軍の掃討から逃れて、ソ連もしくはモンゴル人民共和国に入って避難しようとしていた毛沢東であるが、陝西省北部の延安に着いてから、彼は不名誉な逃避行に美しい名を与えた。長征だ、という。そして、長征の目的はと言えば、北上抗日である。本当に抗日を目的とした「戦略的大移動」であるならば、たとえ南国江西省を出た時に十数万人の兵士を誇り、延安到着時にはたったの二万人前後に減っていても、ただちに日本軍との戦いに入るはずだろう。それなのに、共産党軍は一九四五年八月までついに「日帝」とほとんど決戦しなかった。その事実が、彼らの逃亡は長征ではなく、長逃であると言わざるを得ない。

長征だろうと、長逃だろうと、モンゴル草原に共産革命の嵐を中国から招来したのは、事実である。いや、逃亡だからこそ、彼らは一旦、理念としては否定していた封建的な秘密結社の風習、すなわち「香を焚いて、互いの血を飲んで宣誓」して結ぶ義兄弟関係をモンゴル人と結ぼうとしたのであろう。

陝西省北部に逃亡してきてまもなく、一九三五年十二月二十日に毛沢東は「中華ソヴィエト人民共和国中央政府主席」の名義で「対内モンゴル人民宣言書」を公開した。「三五宣言」とも略称される中国共産党の公文書は以下のような約束を示している。同党の政策と性質を物語るきわめて重要な公文書であるので、少し長いが、その骨子を並べておこう（毛沢東文献資料研究会『毛沢東集』）。

親愛なる内モンゴルのすべての民衆たちよ。今、私たちは世界的な大変動の時期に置かれている。貴方たちは日本帝国主義と中国の軍閥たちによって分割され、その犠牲となり滅亡していくのか。それとも、奮起し努力して強くなり、世界のあらゆる民族群の中の、至尊たるモンゴル民族の本来享受すべき地位を獲得するのか。二者択一であるが、どちらを選ぶのか。

野心的で、狂暴な日本帝国主義は中国を占領しようとするためにはまず満蒙を占領しなければならない。世界に覇を唱えるためには、必ずや先に中国を占領しなければならない。この野蛮な計画は現在、実現されつつあり、真っ先にその犠牲者となったのが、東北三省と華北五省の民衆と内モンゴル民族である。この狡猾にして甘い約束をちらつかせる日本の強盗どもはあらゆる詐欺的な手段を用いて、パン・モンゴリズムを使ってモンゴル全土を占拠しようとしている。内モンゴル人民を支配するために、日本は貴方たちの故郷を戦場に変え、人民を犠牲者にしようとしている。そして日本は、中華ソヴィエト人民共和国に侵攻し、さらにモンゴル人民共和国とソ連にも侵入して、モンゴル民族を消滅しようとしている。……
しかし、蔣介石をはじめとする軍閥どもは貴方たちに対して宗主国を自認し、内モンゴル全体を行政的には省に分割し、モンゴル民族を黄河の南、陰山の北に追い出そうとしている。しかも、井岳秀や高石秀のような小軍閥を動員してモンゴル民族の放牧地と塩湖を奪い取っている。これらはすべてモンゴル民族を消滅し、日本帝国主義のために奉仕するためのやり方である。

この「三五宣言」が指摘する日本の侵略の手順は、いわゆる「田中上奏文」の内容と酷似している。一九二七年に、ときの総理大臣田中義一が昭和天皇に極秘の上奏文を呈し、満蒙を侵略してから中国を占拠し、最終的に世界を征服するという手順が織り込まれていた、というものである。しかし、田中上奏文は偽書である。偽書であるが、それも多分、日本の侵攻に対し、危機感を煽ることで全国規模の抗日を呼びかけようとして作られたものだろう、と研究者は判断している。南国の中国からオルドス高原の近くまで逃げてきた中国共産党もその偽書を用いて、モンゴル人の危機感を引き出そうとしていた。

†モンゴル独立を支持する「三五宣言」

モンゴル人は中華民国が強引に進める「廃盟置省」政策、すなわち清朝時代からの盟旗制度を廃止して、中国内地風の省や県を置く政策に反感を抱いていた。省政府の導入により、侵入してきた中国人の定住が一層進むからである。現にオルドスでは、陝西省北部の軍閥井岳秀と、秘密結社ガルーホイ（哥老会＝第一章に登場した蘆占魁とも関係）が結託し合って、県を設置してモンゴル人の草原と、塩を産出する湖を強奪していた。毛沢東の宣言書はモンゴル全体の危機的状況を示したうえで、さらにオルドスのモンゴル人にとって身近な事例を持ち出して、説得している。宣言書は続く。

英雄的な中央紅軍は二万五千里（約一万二千五百キロ＝著者注）の長征を決行し、世界的な行軍記録を作り、北上して抗日するという当初の計画通りに目的地に着いた。中国紅軍は中華民族を帝国主義と軍閥の抑圧から解放するだけでなく、その他の弱小民族のためにも戦う。我々はまず、内モンゴル民族を助けてその問題を解決しようとしている。私たちだけが内モンゴル民族と共に奮闘し、我々の共通の敵である日本帝国主義とその走狗たる蔣介石を打倒できると信じている。また、内モンゴル民族も我々とだけ共同作戦すれば、チンギス・ハーン時代の栄光を維持し、民族滅亡の危機から逃れることができよう。そして、民族復興の道を歩み、トルコやポーランド、ウクライナやコーカサス諸民族のように独立と自由を獲得できる。（傍線は著者）

毛沢東らはここで「中華民族」と「その他の弱小民族」を別々にして区分している。つまり、「その他の弱小民族」は「中華民族」の中には含まれていない。中国共産党は、「その他の弱小民族」が「トルコやポーランド、ウクライナやコーカサス諸民族のように独立と自由を獲得できる」よう、支持すると公言している。いわば、国際共産主義の理念に即して、弱小民族も復興の道を歩むよう助ける用意がある、としている。毛沢東と共産党員たちは更に高らかに宣言する。

我が政府は以下のように貴方たちに対して宣言する。

一、元々内モンゴルに属する六盟、二十四の部、四十九の旗、チャハルとトゥメトの二部、寧夏に属する三つの旗など、県に変えられた地域だろうと、そうでなかろうと、すべて内モンゴル人民に返還すべきである。熱河とチャハル、それに綏遠という三つの省を廃止し、いかなる民族もモンゴル民族の土地を占領してはいけない。

二、内モンゴル人民は自らの内部の問題を解決する権利を有し、誰もモンゴル民族の権利と生活、風俗習慣と宗教、道徳その他に粗暴に干渉する権利を持たない。内モンゴル民族は自らの意志に基づいて組織し、自主の原則に即して自らの生活を守る権利がある。自身の政府を建立し、その他の民族と連邦関係を締結する権利を有する（傍線は著者）。もちろん、完全に立ち上がる権利を有する。民族は至尊たる存在で、あらゆる民族が平等である。

これほど素晴らしい宣言書は、世界のどこにもないのではないか。中国人移民を定着させた省、具体的には熱河とチャハル、綏遠の三省を廃止する、と公言している。すでに触れたように、関東軍も熱河を占領してからチャハルに盟公署を設置して人心を獲得していた。中国共産党は関東軍の成功を参考にしていた可能性がある。

何よりも、モンゴル民族は他の民族と連邦関係を締結できると公言している。そして、「連邦締結」という文脈で解釈するならば、宣言書内の「完全に立ち上がる権利」は当然、民族の独立を指していることになる。実は中国共産党がまだ中国南部で活動していた一九二七年十一月に「土地問題に関する中国共産党の党綱領草案」内で「内モンゴルのモンゴル民族の民族自決権を承認し、彼らが分離して独立建国できるまで支持し続ける」と決定していた。「三五宣言」は一九二〇年代の政策を継承していると言える。

宣言書はまた寧夏のイスラーム軍閥と陝西省北部の井岳秀や高石秀が占拠していたオルドスの塩湖の返還、長城の北側のモンゴル草原からの中国人移民の撤退を唱えている。

私は子供の頃から毛沢東と中国共産党のこの有名な「三五宣言」を知っていた。というのは、一九七〇年代になっても、中国人移民はオルドスから撤退しなかったし、モンゴル人の塩湖も占領されたままだったからである。「偉大な領袖毛主席が撤退を命じ、モンゴルへの返還を指示したにもかかわらず、中国人は無視している」――モンゴル人たちはそのように語っていた。モンゴル人たちは一九九〇年代に入っても、まだ北京にある党中央国務院に直訴して、草原と塩湖の占拠問題を解決するよう求め続けていた。その際、毛沢東も「三五宣言」でモンゴル人の利益を守るよう指示していたと抗争するしかなかった。悪いのは陝西省北部の地方政府で、毛沢東には非がない、との戦略である。

しかし、地元の政府ではなく、そもそも毛沢東と共産党政府そのものに、中国人移民をモンゴルから撤退させ、中国とは連邦関係を締結する、という意思は毛頭なかった。約束を守らないのは、中国人の文化である。甘い言葉で綴られた約束はすべて、陝西省北部に拠点を作り、生き残るための策略に過ぎなかった。それをいとも簡単に信じてしまったモンゴル人の方が悪い。近代に入り、弱肉強食の闘争の中で、宿敵の中国人の宣言を信じてしまったことは、民族として成熟していなかった性質の表れである。

†中国共産党の民族政策

中国共産党は、長距離逃亡して陝西省北部の延安に落ちてきてから、決して生き残るためにだけ虚言を広げたのではない。彼らの名誉のためにも、結党当初からの民族政策を整理しておく必要がある。これは、本書の主題であるモンゴル人と中国革命との関係を理解するうえでも、必要な手続きである。

まず、一九二二年七月、結党一年後に開かれた第二回全国代表大会で、「モンゴルとチベット、それに回疆《かいきょう》（＝イスラームの新疆）はそれぞれ民主自治邦を創る」、としている。そのうえで、中国とは「自由連邦の原則に即して、中華連邦共和国を形成する」と位置付けている。また、この時に採択された「第二回全国代表大会宣言書」でも同じようにモンゴルやチベットとは中華連邦共和国を成す、と決定している。そして、「中華民族」云々は、モンゴルやチベットを同化しようとしたショービニズム（大民族主義）であり、強調すべきではない、とリベラルな立場を表明している。当時、共産党の指導者だった陳独秀も「モンゴルは中国に所属するとの主張は民族自決の原理に反する」、と一九二四年九月十七日に唱えていた。

一九三〇年五月、中国共産党がその支配地で創った「中華ソヴィエト共和国憲法」の草案でも、「モンゴルと回回、回回《ムスリム》、ミョオ人とリー人、それに高麗人は中国に住む弱小民族で、彼らには中華ソヴィエト連邦に自由に参加し、ないしは離脱する権利がある」としている。この草案は一九三一年十一月七日に正式に党大会で採択されている。その際、「中華ソヴィエト政府は域内の少数民族の自決権を認める。彼らが中国から離脱し、完全に独立国家になるまで、支持する」と規定している（中共中央統戦部『民族問題文献匯編』）。中華ソヴィエト政府は中華民国内の地方政府であるとはいえ、政党が掲げる憲法である以上、有効な公文書であると位置づけていい。要するに、中国共産党はその地方政権の憲法内で少数民族が独立するのを支持する、と公言してきたのである。

このような脈絡の中で、オルドスの隣、陝西省北部に到達してから、「三五宣言」を公布したのである。この宣言は突如として現れたのではなく、結党当初から長距離逃亡を終えた時点までの一貫性による産物である。

†革命家の住職

一九七三年夏のある日。

小学生だった私は腹痛で学校を休んでいた。近代的な病院が皆無だった草原では、伝統的な医学の知識を持つ人物が神様のような存在だった。母方の祖父母（写真28）はモルムジャムソという高齢のモンゴル人を呼んできて、敬意を払って接待した。モルムジャムソは温かい手で私のお腹を優しく撫でながら、昔話を語って慰めてくれた。そして、大きな牛革で包んでいた荷を解くと、その中にはたくさんの小さな革袋が入っていた。銅製の匙で革袋内の薬を取り出して、小さな紙で包む。種類によって紙包の形が違う。苦い薬と昔話が魔法のように効いて、腹痛はすぐに治ったものである。

写真28　著者の母方の祖父母。1930年代から中国共産党のモンゴル侵入を目撃していた。

「モルムジャムソはシベル寺の住職で、オルドスでも名の知れた名医だ」

「モルムジャムソはベテランの革命家で、毛沢東主席にも会ったことのある方だ」

と祖父母は話していた。

住職と革命家。この二つの職業は小学生の私には、どうしても連動し合っているようには見えなかった。名刹シベル寺はすでに一九五八年に中国共産党によって破壊されて廃墟と化していたし、モルムジャムソも寺ではなく祖父母の家から二キロほど離れたところ、シャラスンゴル河近くのグルバンサラー（三叉河）というところに住んでいた。もちろん、僧衣を脱ぎ、地味な紺色の人民服を着て、普通の牧畜民と変わらなかった。しかし、このモルムジャムソこそ、中国共産党とオルドスのモンゴル人との間の政治的な交流を拡大させた重要な人物の一人である。

一九三六年四月のある日。

陝西省北部の中国共産党の最高指導者の高崗は長城を北へと越えてウーシン旗南西部、中国の靖辺県に近い、ホンジン・チャイダムに現れた。モルムジャムソの家がここにあったからだ。ホンジンとは吟遊詩人を指す古い言葉で、チャイダムは平野の意味だ。「吟遊詩人《ホンジン》が住む平野《チャイダム》」はオルドス高原で最も美しい草原で、至るところに湖が点々とあり、灌木が牛の背よりも高く伸びた地だった。モルムジャムソはここからその北へと、約十キロ離れたシベル寺に通っていたのである（写真29）。

モンゴルではチベット仏教の僧の地位が高く、遊牧民に大きな影響力を発揮する、と分かった中国共産党は僧たちの中から開明的な人物を発見して協力者を増やそうとしていた。モルムジャムソは医術に優れていただけでなく、共産主義思想にも関心を寄せていた、と高崗の放ったスパイが情報をもたらしていた。

高崗は例によってすぐにモルムジャムソと義兄弟《アンダ》の契りを交わして数日間、滞在した。二カ月後の六月になると、高崗は毛沢民と趙通儒、賈《か》拓夫《たくふ》、それに張徳生らを連れてきた。モルムジャムソはまた羊を何匹も屠って、数日間にわたって中国人たちをもてなした後、一同はみな義兄弟となった。何回も繰り返される秘密結社風の義兄弟締結の儀式を、マルクス主義者を標榜する中国共産党の高官たちは何の躊躇もなくおこなっていた。すべては謀略と戦術に過ぎない。互いの血を飲んだから相手を裏切らない、と本気で信じていたのはモンゴル人だけである。

写真29　オルドス高原の名刹シベル寺。16世紀に建立されたものは1958年に中国共産党に破壊され、現在の寺は1990年代に再建されたものである。

「革命の根拠地を訪問してほしい」

と高崗と毛沢民は招請したので、モルムジャムソも受け入れた。秋、モルムジャムソは高崗の案内で、長城の南にある保安県を訪れた。毛沢東と周恩来は当時、この保安県に滞在していた。延安はまだ、本格的な根拠地になっていなかったからである。

モルムジャムソが到着すると、中国共産党中央とソヴィエト中央政府、それに紅軍総本部は彼を熱烈に歓迎した。毛沢東と周恩来などの党中央の指導者たちは彼と複数回にわたって意見交換をし、共通の認識に達した。モルムジャムソは中国共産党の指導を受けて、一致団結して抗日すると約束した。……毛沢東は彼にベルギー製小銃ブローニング一丁と銃弾百発をプレゼントした。（『烏審旗史志資料』第三輯）

保安県と延安など各地を視察してオルドスに戻ったモルムジャムソは、さらに多くのモンゴル人たちを組織して共産党の根拠地を視察する必要があると考えた。

†モンゴル初の延安訪問団

「我々モンゴル人は隣接する陝西省北部のジャナク（シナ人）とずっと対立してきたが、南蛮子《ナンマンス》は違うことを主張しているので、耳を傾ける必要がある」

とモルムジャムソはウーシン旗の同志たちに語った。

オルドスのモンゴル人は陝西省北部の中国人を昔からジャナク（シナ人）と呼んできた。日本語のシナも差別用語ではないし（川島真『近代国家への模索』）、モンゴル人も古くから隣人をそう呼んできた。ジャナクと異なって、毛沢東ら紅軍は南国から来た南蛮子になる。もっとも、南蛮子という言い方もモンゴル人が発明したのではなく、陝西省北部の中国人がそう表現していた。モルムジャムソが革命根拠地で毛沢東や周恩来と会った時も、高崗が通訳していた。モルムジャムソは中国語が話せても、毛沢東と毛沢民兄弟の湖南省方言はまったく理解できなかったからである。

モルムジャムソの呼びかけに、ウーシン旗西部のモンゴル人たちは積極的に呼応した。一九三七年二月十六日、ウーシン旗西部のシャルリク寺に三十七人のモンゴル人たちが集まった。一行は香を焚いて清めの儀式を済ませてからモルムジャムソのまわりに座った。モンゴル人は長い旅に出る時には道中の安全を祈願して香で清める。

「ガーミン(革命)の赤い炎が近くまで延焼してきた以上、この目で見ておかねばならない」

とモルムジャムソは自身の延安での経験を語ってから、そう話した。三十七名のモンゴル人はバトチョロー(趙玉山)を先頭に、馬に乗ってシャラスンゴル河に沿って南下し、靖辺県から長城を越えて割拠地延安に入った。

二十一日に延安に着くと、毛沢東と周恩来から熱烈な歓迎を受けた。

「南蛮子の周恩来は当時、西安から延安に帰ってきたばかりで、長い髭をはやしていた」

と後日毛沢東から歓迎を受けたことがある人たちは私に語っていた。モンゴル人たちは毛沢東に黄色い馬を一頭、周恩来には狐の皮をそれぞれ贈り、お返しに長銃十七丁と拳銃二丁をもらった（『烏審旗史志資料』第一輯、第三輯）。

オルドスのウーシン旗から延安を訪れた三十七人のモンゴル人はいわば、「モンゴル初の革命根拠地見学団」に当たる。モルムジャムソはこの三十七人に加わらなかったが、彼はその前にすでに訪問を終えていた。この訪問について、「三十七名のモンゴル人の延安訪問により、モンゴル民族全体の抗日の意識が芽生えたし、封建社会を打倒して民主と自由を獲得する理念も生じた」と今日でも中国共産党は高く評価する。

しかし、事実は完全に異なる。

三十七人は決してウーシン旗の有力者ではなかった。彼らは、中華民国期に入ってから侵入を続ける中国人を追い出そうと戦ってきた普通の牧畜民であった。モンゴル人民共和国と内モンゴル人民革命党が掲げる民族自決の理念に賛同していたが、中国人と共生しようとは誰も思っていなかった。新たに出現した南蛮子の軍が声高に主張する「民族自決」や「独立」云々のスローガンもモンゴル人民共和国と内モンゴル人民革命党の政策と近かったので、観察してみようと考えただけである。こうした目的から、馬に乗って延安に行き、毛沢東と周恩来らに面会しただけである。

三十七人ものモンゴル人がガーミン（革命）を見に行ってきた、という政治的な行為はウーシン旗のモンゴル人社会に大きな分裂をもたらした。モンゴルは一つの民族であるが、その内部には多くの氏族がある。ウーシン旗は、西部にケレイトやハタギンが分布し、東部にベストとウーシン、それにウイグルチンといった氏族が住んでいた。どの氏族もその名称はすでに十三世紀の『元朝秘史』にも登場する、由緒ある集団である。各氏族集団はすべてチンギス・ハーンの直系子孫の貴族に統率されてきたが、自分たちは古代から現代まで連綿と続く歴史に生きている、と誇り高い。

遊牧民は普段から草原に点々と分かれて暮らしているので、独立精神が強く、簡単に他人と協調しない。本当にカリスマ性に富み、あまたの人々を平等に扱える指導者が誕生すると、自ら馳せ参じて帰順する。こうした社会的、精神的風土の中で、ウーシン旗東部の各氏族は若い奇玉山の元に結集しつつあった。

「久しぶりに現れた、有能な指導者だ」

と東部の各氏族集団のモンゴル人たちはそう見ていた。これに対し、西部の各氏族はしばらくは奇玉山の能力を見極めよう、と決めていた。そこへ、三十七人の「革命《ガーミン》参観団」の行動がさらに分断を促したのである。というのも、三十七名のうち、実に三十五名が西部の氏族に属す人々だったからである。「西部のモンゴル人は延安の革命《ガーミン》に傾斜している」と東部のモンゴル人たちは認識するようになった。

一九二六年にコミンテルンとモンゴル人民共和国、それに内モンゴル人民革命党第十二連隊の軍隊と党員がウーシン旗に入って活動していた時期から、ウーシン旗のモンゴル人たちは一致団結して民族自決を目指した。しかし、中国共産党が隣の陝西省北部に割拠地を設けた時点から、ウーシン旗のモンゴル人は東西に分かれて次第に対立するようになった。西部は中国共産党の主張にも共感するようになったのに対し、東部はあくまでもガーミン（革命）に懐疑的だった。以後、この政治的な対立はずっと続く。一九四九年十月一日に中華人民共和国が建国してからも、簡単に解消されることはなかった。

若き奇玉山の思想はどちらかというと、東部の主張に近かった。

第五章　草原に咲くピンクの花——中国共産党とアヘンの侵入

三人の太子

兄のテグスアムーラン王の前の机の上に置かれたアヘン七百両《テール》の山を見て、二十二歳の奇玉山は不愉快な気持ちを隠そうとしなかった。中国共産党ウーシン旗工作委員会の指導者田万生書記は満面の笑みを浮かべながら、モンゴル語の単語を生硬な発音で話している姿が余計に、醜悪に見えた。下心がある、と奇玉山は判断した。

モンゴル人はアヘンを「ハラ・タミク」、すなわち「黒いタバコ」と呼ぶ。アヘンは黒色をしているだけでなく、吸いすぎると、「家も黒くなる」からだ。「家が黒くなる」とは、没落の隠喩である。旗の主である王がアヘンに手を出すこと自体、チンギス・ハーン家の名誉に相応しくないことである。王は宮殿内でこっそり吸っていたとしても、早晩、人々の間に伝わる。モンゴル人民共和国が成立してから、王と貴族を「腐敗しきった封建社会の代表」と見なす見

写真30　オルドス・モンゴルのウーシン旗の王、テグスアムーラン（写真提供：Chaghalai）

解が南モンゴルにも広がりつつあったので、奇玉山は危機感を抱くようになっていた。

兄（写真30）のアヘン吸引以上に深刻な事態が起こっていた。ウーシン旗の西部草原のあちらこちらに罌《け》粟《し》の栽培が猛烈な勢いで増え続けていることだ。調査に派遣した部下が王府に戻ってきて、奇玉山にこのように報告した。

「西部の草原にはピンク色の花があたり一面に咲き乱れている」

奇玉山は激怒した。ピンク色の花とは、罌粟の花だ。奇玉山は罌粟の栽培が許せなかった。

奇玉山は一年前の一九三六年に中華民国政府によってウーシン旗の東協理《トサラクチ》タイジに任命されていた（写真31）。タイジとは、「太子」のモンゴル語の音便である。

協理タイジは王《ジャサク》に次ぐ高位のポストである。清朝時代から一つの旗には東西二人の協理タイジがいて、王を補佐する役割を果たす。協理タイジになる者は、貴族でなければならない。

王に不慮なことが発生したり、後継者がいなかったりすると、協理タイジが王位を受け継ぐこともある。ウーシン旗の場合、奇玉山が東協理タイジになった時、西協理タイジはザナバンザルだった。そして、もう一人、ドプチンドルジ（一九一〇〜四二。中国名　奇国賢。第四章参照）という青年が記名協理に任じられた。記名協理とは、東西協理タイジの継承者である。このように、清朝時代から三百年間も続いてきた行政組織は非常によく機能していた。

奇玉山は二十二歳で、ドプチンドルジは二十七歳（写真32）。そしてもう一人のザナバンザルも二十代だった時代である。ときのオルドス高原のモンゴル人たちは、この三人を「ウーシン旗の三人の太子」と呼んで称賛していた。というのも、他の旗ではほとんど老齢の役人が旗の行政にあたっていたのに対し、ウーシン旗だけは三人の若き貴族が先頭に立って時代の風雲に乗っていた。綏遠省の省都フフホトやオルドスの七旗が定期的に集まって政治について議論する時にも、遊牧民たちの熱い視線はいつも、「ウーシン旗の三人の太子」に注がれていた。

写真31　政界に登場したばかりの頃の奇玉山（写真提供：Chaghalai）

すでに触れたように、ウーシンという旗の名称も『元朝秘史』に登場する氏族名から来ている。

由緒ある旗政府が、優秀な三人の太子にリードされて、近代の先陣を疾駆している、とモンゴル人は理解していた。

しかし、この三人の太子、特に奇玉山と奇国賢こととドプチンドルジは、中国共産党をどう見るかという問題で、鋭く対立した。

写真32　若き貴族ドプチンドルジ

「ガーミン（革命）の中国共産党は暴力的だ」

「赤い中国人も軍閥と同じで、信用できない」

と東協理タイジの奇玉山はそう判断していた。西協理タイジのザナバンザルも奇玉山と同じ立場である。これに対し、ワンランク下の記名協理タイジであるドプチンドルジは、中国共産党こそがモンゴル等の少数民族の独立を支持すると「三五宣言」などで主張しているので、交流すべき対象だ、と唱えた。「中国共産党はアヘンをモンゴル人に勧めているので、下心がある」と見る奇玉山に対し、ドプチンドルジは「赤い中国人は国民党よりはましだ」と論じて譲らない。こうしたやり取りは、旗政府の会議の場で何回も繰り広げられた。長老たちもその都度、調停に入るが、根本的な解決策はなかった。

†革命《ガーミン》の種

「祖父ちゃんの罌粟《けし》畑だった」

と私が子供だった頃、草原の古井戸の近くを通った際に、母は教えてくれた。オルドス高原には、地元の人しか知らない奥まった草原や沙丘がある。たいていは高い灌木群に囲まれたところか、聳え立つ沙丘の麓にある。そして、そのような「秘境」には必ず泉か井戸がある。ウーシン旗西部、シャルリク寺から西へ十五キロほど行ったところにある我が家の近くにも「秘境」が数カ所分布しており、どれも整然とした水路の跡と涸れた井戸があった。

写真33　モンゴル草原で今も密かに栽培されている罌粟

三十数年の光陰が過ぎても、ピンク色の花はまだちらほらと咲いていた。知る人ぞ知る、罌粟である。夏も終わる頃になると、母はその深緑色の罌粟の実にナイフを入れ、にゅっと出てくる白い汁を小瓶に入れて溜めておく。春先に家畜が下痢した場合や、人間が風邪を引いたときなどに、瓶の中で黒く固まった罌粟汁を微量取り出し、湯に溶かして使う。まさに「秘密の花園」から採った妙薬である（写真33）。

オルドス高原の西部、ウーシン旗で猛威を振るったアヘンは中国共産党の紅軍が南国から持ち込んだ「ガーミン（革命）」が播いた種である。罌粟の栽培は中国本土でも古代から確認できるが、専用の煙管《キセル》でアヘンを吸引する風習はなかった。イギリスがインドを植民地にし、デカン高原のアヘンが大量に清朝に流入した十八世紀頃からアヘン吸引が定着し、社会問題と化した。清朝はイギリスと二度にわたって「アヘン戦争」に臨み、敗れてからはアヘンの輸入と消費がさらに増えていった。以後、当時イギリスの植民地である香港に近い広東と広西、江西省と江蘇省は罌粟の栽培地として知られるようになった。中国共産党はまさにこの「両広」と「両江」地域から発祥しているので、結党当初から同党の資金源となったのである。そして、国民政府軍の掃討を受けて、一路、陝西省北部へと長距離逃亡する際も、罌粟の種だけは捨てなかった。どこに行っても、種さえ播けば、軍資金になるという秘訣を共産党員たちは誰よりも知っていたからである。

清朝治下の中国人地域にアヘン窟が蔓延しても、草原のモンゴル人はそれを拒否した。陝西省北部にも昔からごく少量ながら、罌粟の栽培はあった。それは、南国からではなく、アフガニスタンから東へと伝わってきたものである。陝西省北部の極貧の黄土高原の住民も当然、罌粟の魔法のような作用については、古くから知識を持っていた。だから、彼らも薬としての罌粟は使うものの、精製したアヘンを吸引する悪習には手を染めていなかった。貧しい土地に生きる民の賢い哲学である。

こうした正常な精神的土壌を根底から変えたのが、中国共産党の紅軍である。彼らは長逃してきた翌年、一九三六年春から革命根拠地の延安をはじめ、その北の綏徳県と米脂県、靖辺県と定辺県、それにテメート（楡林）の河川敷に罌粟の種を播いた。延安の割拠地と隣接する寧夏のイスラーム軍人の馬鴻逵は罌粟の栽培にいち早く気づき、一九三六年五月三日に蔣介石に報告しており、現地の住民の中には罌粟の栽培に抵抗する者も多い、との情報を伝えている（台湾国史館所蔵『蔣中正総統文物』内「種々不法罪行」）。

最も有名な罌粟の栽培地は延安近郊の南泥湾であった。

「南泥湾は素晴らしい地だ、江南よりも美しい花が咲く」

これは中国共産党のプロパガンダ歌の歌詞である。中国では知らない人がいないくらい有名な歌であるが、それこそ、あたり一面に咲き乱れた罌粟の花を賛美したものである。中国共産党は各地にアヘン精製工廠を造り、その製品を「特貨」や「特産」として国民党が支配する地域とモンゴルへ売りさばいた。国民政府側が残した公文書、台湾の国史館にある『蔣中正総統文物』内の「種々の不法罪行」には共産党の罌粟栽培に関する報告が多数、含まれている。当然、共産党自身も記録を残している。中国共産党公認の研究によると、日本の敗戦まで、「特貨」あるいは「特産」貿易から得た収入は、革命根拠地の全体収入の四割を占めていたという〈洪振快「延安時期的〈特産〉貿易」〉。アヘンが伝わった地域では住民が中毒して退廃していき、その地の貨幣と金銀は延安に流入する。まさに一石二鳥である。

†豊作の罌粟

中国共産党がその革命根拠地と称する延安周辺でだけ罌粟を栽培し、中国本土内で「貿易」を進めるなら、奇玉山はまったく関与するつもりはなかった。奇玉山が許せなかったのは、共産党がモンゴルのオルドス高原に入り、奇玉山の膝元のウーシン旗で罌粟栽培を始めたことである。そして、それを半ば公然と支持していたのが、他でもない記名協理タイジのドプチンドルジである。記名協理タイジはチンギス・ハーン家の直系子孫からなり、いざという時には王位に即《つ》く可能性もある人物が担う職位である。いくら開明的であるとはいえ、「度を越している」、と奇玉山は王府の会議でそう批判した。

ドプチンドルジは奇玉山に負けないくらい開明的な貴族として知られていた。彼はまず、オルドスで布教活動をしていたベルギーやフランスからの宣教師たちと親交を重ね、西洋の文化に強い関心を示していた。宣教師たちはカトリックの聖母聖心会に属し、一八七〇年代からオルドス西部のウーシン旗とオトク旗あたりで教会を建てて信者たちの獲得に励んでいた。彼らは新式の学校教育と医学をモンゴルに持ち込んできたことで、新しい文化に興味を示すモンゴル人たちの関心を集めた。ウーシン旗西部のボロバルグスン（城川）教会の宣教師たちはテメート（楡林）との間を往復する際には、いつもドプチンドルジの家に立ち寄った。新しい時代の息吹を感じ取ろうと、彼は一九三六年にベルギー人の宣教師で、輔仁大学教授のモステール（A. Mostaert）を頼って北京に行き、中華民国政府の対モンゴル政策について調べていた。

熱心に動きまわるドプチンドルジを共産党紅軍は「協力可能な人物」だと見ていた。彼が北京に行く前の一九三六年二月、中共ソヴィエト政府長城区政府副主席の田万生がオルドスに入ってきた。ドプチンドルジとジングイらを陝西省北部の靖辺県に招待し、共産党の政策について説明した。

「中国共産党の政策には私が賛成できる点はたくさんある。今後、私の管轄範囲での安全を保証する」

とドプチンドルジは発言した。中共側は彼にアヘンを渡し、その「管轄範囲」で罌粟の栽培許可を得た。記名協理タイジの管轄範囲であるウーシン旗西部のバト湾とイヘ・シベル、ホンジン・チャイダムなどはすべて罌粟の栽培に適した地である。平らな草原がのびやかに広がり、湖と泉は随所に分布し、長城以南の延安など「革命根拠地」には絶対にない豊饒な土地である。

かくして、中国共産党が南国の中華ソヴィエト政府支配地から片時も手放さずに隠し持っていた罌粟の種がオルドス高原の最良の草原に播き込まれ、その革命活動を経済的に支える「特産」や「特貨」になったのである。最良の草原であるので、当然、罌粟は豊作である。罌粟の豊作について、中国政府は公式な記録を残している（『烏審旗史志資料』第三輯、薩楚日勒図『鄂爾多斯革命史』上）。

国民党反動派の経済的な封鎖を打破し、軍民生活を改善するために、一九四〇年からさらに（ウーシン旗）西南部のホンジン・チャイダムとイヘ・シベル、バガ・シベル、深海子などの草原で罌粟の栽培を増やした。（秋の）収穫は驚嘆すべき量に達し、各民族の人民は絶えずやってきて交易した。我が党はこれを機会と見て宣伝工作を展開した。どの階層の誰であろうと、アヘンを欲しがる者は、なるべく彼らの希望を満足させた。特にウーシン旗からの僧侶や民衆には特別の罌粟畑を指定し、優遇した。彼ら自身も栽培しただけでなく、私たちのために（特貨を）運んでもらい、利益を確保してあげた。

一九四四年になると、ウーシン旗のモンゴル人は陸続とやってきて革命に参加したいから、罌粟の栽培地に定住したいという者も増えた。共産党政府は彼らの要求に応え、罌粟畑を与え、最適なところに住まわせた。経済的な利益を得たモンゴル人たちは、「中国共産党と八路軍は本当に素晴らしい」、と口々に賞賛していた。

このように、共産党政府はモンゴル人僧侶と一般人にアヘンを渡してその欲望を満足させただけでなく、罌粟の栽培と運搬、すなわち密輸にも関与させたのである。これらはすべて中国共産党の政策がもたらした結果であるが、記名協理タイジのドプチンドルジの許可と無関係ではない。

†「斜めの街道沿いの蒙政会」

東協理タイジの奇玉山はドプチンドルジが出した罌粟栽培の許可に激怒していた。「大義名分がない」、彼はウーシン旗王府の会議でそう話した。相手も同じくチンギス・ハーン家の貴族で、しかも、自分より五歳年上である。会議の場以外では、「お兄さん」と奇玉山がドプチンドルジを呼んでいた。

写真34　モンゴル人として少将司令官となった奇玉山（写真提供：Chaghalai）

奇玉山は一九三八年に重慶国民政府によって、「西モンゴル抗日遊撃第一支隊少将司令官」に任命されていた（写真34）。国民党支配下のモンゴルといえば、オルドス高原とアラシャン沙漠しかなかった。アラシャンは遠くにあり、直接、日本軍と対峙していたのはオルドスだけである。したがって、中華民国の「西モンゴル抗日遊撃」軍も実質上はウーシン旗のモンゴル軍で、モンゴル人少将も二十三歳の奇玉山しかいなかった。後日、もう一人の若いモンゴル人が中華民国のモンゴル軍の少将司令官になる。ジュンワン（郡王）旗のブレンバヤル（奇全禧、一九二二～五一）である（楊海英『墓標なき草原』下）。

関東軍の西進はモンゴル人の手引きによる結果で、モンゴル人の民族自決は祖国を分裂させる行動だ、と中華民国はそう判断していた。モンゴルの民族自決を崩壊させ、日本との連携を断ち切るためには謀略が必要である。そこで、駐綏遠の国民党軍司令官の傅作義将軍は徳王の蒙政会を傀儡だと見なし、綏遠省内に別の「綏境蒙政会」を作っていた、と第二章で述べた。日本軍が包頭を占領すると、この国民党支配下の「綏境蒙政会」も黄河を西に渡って、オルドスに移転してくるしかなかった。

ジャサク旗の政府所在地に移ってきた「綏境蒙政会」を取り囲むように、一本の斜めの街道ができた。西のウーシン旗からジャサク旗を通過して、ジュンワン旗、そして東勝《とうしょう》という都市へと通じる街道だ。東勝を過ぎて黄河を渡ると、包頭に着く。

斜めの街道は単に地理学上の特徴ではなく、政治上の紆余曲折をも比喩している。事実、国民党支配下のモンゴル人はこの地で波乱万丈の政治劇に巻き込まれた。オルドスのモンゴル人は七つの旗に分かれていたが、それぞれ十五人ずつの兵士計百五人の青年を、包頭まで西進してきた日本軍と徳王軍に派遣して帰順の態度を示しながらも、裏では重慶国民政府に忠誠を尽くした。弱かった時の戦略である。

「斜めの街道沿いの蒙政会」（オルドスのモンゴル人の間で人口に膾炙した言葉。モンゴル語でmöri jegelitei Möngjenhui）は、中華民国時代のオルドスの政治の中心地だった。「綏境蒙政会」は傀儡組織に過ぎないが、国民党綏蒙党部もここに置かれていたからである。一九三九年秋のある日、奇玉山はここで国民党に入った。彼は中華民国から「モンゴル民族の前途有為の青年」、「若き少将司令官」と称賛された。国民政府の公式の記録でも奇玉山は「英俊果敢にして豪放多友、見識に優れ、思想が開明的である」としている（台湾国史館「各省高級人員調査報告」）。当然、地元のモンゴル人社会でも、「三人の若き貴族のうちのリーダー」として尊敬されていた。

†革命根拠地に通じるアヘン街道

中国共産党がウーシン旗西部で大規模な罌粟畑を開拓している、という報告がしきりに重慶国民政府とウーシン旗の王府に届けられた。そして、重慶国民政府は奇玉山少将司令官に対策を講じるよう命じた。対策を取りたいものの、武器弾薬が足りない。そこで、一九四〇年春に奇玉山は部下数人を連れて「共産党の革命根拠地」の延安と、陝西省宜川県内の秋林、それに四川省の重慶を視察する旅に出た。秋林は当時、中華民国第二戦区司令部が置かれていた地で、重慶は蔣介石が鎮守していた。

馬上の奇玉山がウーシン旗西部で目撃したのは、一望無尽の罌粟畑だった。そこから収穫し、精製されたアヘンはモンゴル人の肉体を蝕み、モンゴル人の家畜を吸い上げていたという凄惨な現実だった。罌粟畑沿いに多数の商店が並び、堂々と「特貨」を売っているではないか。モンゴル人たちは牛や羊を追ってきて、ただ同然の値段で共産党ソヴィエト政府に渡して、アヘンと交換しているのを奇玉山は見た。「特貨」あるいは「特産」は日本軍を撃破する武器になっているのではなく、中華民国の国民の肉体と財政を破壊する麻薬と化している。「大義名分がない」、と奇玉山の認識はこのような現場から来ていたのである。

奇玉山は長城を越えて陝西省北部の綏徳県に着くと、八路軍第三百五十九旅団の旅団長兼延安地区書記の王震が待っていた。王震は奇玉山を丁寧に案内して共産党の割拠地延安に入ると、盛大な宴会が開かれた。周恩来が歓迎の挨拶をしたが、さすがに秘密結社の伝統に即した義兄弟締結の話は出なかった。すでに支配地でしっかりと根を下ろしたから、封建社会風の義兄弟よりも、共産主義の思想について語った方が魅力的だと判断したのだろう。それに相手も見なければならない。奇玉山は中華民国の少将であるので、軽々しく互いの血を飲むわけにはいかなかった。

写真35　西安で部下たちと記念撮影をおこなう奇玉山少将。前列右が奇玉山少将で、隣に座っているのが知識人のブリントクトホ。後方は衛兵で、左からバルグイ、バントー、チンケル。（写真提供：Chaghalai）

「モンゴル人は中国共産党とも連携し、一致して抗日し、故郷を守る」

と、歓迎された奇玉山は返礼の言葉を述べた。延安の工場と学校を見学してから奇玉山は秋林へ向かった。「もし、閻錫山と蔣介石がモンゴル軍に武器弾薬を提供しないならば、我々八路軍が援助する用意がある」、と共産党陝西省北部の最高指導者の高崗はそう語って別れた。八路軍の後方留守兵団司令官の肖勁光《しょうけいこう》司令官が奇玉山を秋林まで案内した。肖勁光は中華人民共和国樹立後に海軍司令官に昇進し、一時は国防部副部長のポストにもついていた。

秋林では第二戦区司令官兼山西省政府主席の閻錫山が奇玉山を迎え、二万元の資金と五万発の弾薬を提供する、と表明した。オルドス高原は黄河を隔てて山西省と繋がっており、抗日第二戦区を守るのに欠かせない戦略的な地であるので、閻錫山もケチなことはできない。それに、山西省の中国人は二十世紀に入ってから大挙してモンゴルに入植しており、彼らの権益を確保するためにも、モンゴルの実力者と仲良くする必要があった。奇玉山は山西省からさらに陝西省の省都西安に入り（写真35）、そこから重慶を目指した。

中国共産党の周恩来はモンゴル人の奇玉山と義兄弟関係を結ばなかったが、重慶に滞在していた蔣介石は彼を自身の義理の息子として迎えたい、と面会時に話した。中華民国の総統からの要請を断る必要はないので、奇玉山は受け入れた。奇玉山は「義父」蔣介石に「抗日救国の英雄」という錦旗を捧げ、モンゴル軍への援助を求めた。「義父」も長銃二百丁と弾薬十万発、軍費五万元と無線一台を提供したうえで、共産党の八路軍がモンゴル草原に浸透するのを防ぐよう指示した。奇玉山は全国の抗日情勢についての情報を集め、モンゴルの立場を再確認してから、蘭州と寧夏を経由してオルドスに戻った。オルドスにおける共産党の罌粟栽培の実態と、抗日の前線に行こうとしない八路軍の実態をつぶさに視察して把握した奇玉山はますます「共産党の政策に大義名分がない」と認識するようになった。

延安と重慶視察から帰った後、奇玉山は西協理タイジに昇進したドプチンドルジを王府に呼んだ。ザナバンザル西協理タイジが共産党軍に処刑されたため、記名協理タイジが自動的に昇進していたのだ。奇玉山は延安と国民党第二戦区、それに重慶での見聞をドプチンドルジに伝えてから、共産党がオルドス高原で進める罌粟栽培を中止するよう求めた。ドプチンドルジも罌粟栽培の勢いがあまりにも増大し、もはや自分もコントロールできないと打ち明けた。若い、二人の貴族に妙策は見つからなくなっていた。

†貴族の処刑

中国人は最初、媚びるような笑顔でモンゴル人の天幕に現れる。そして、自分たちは貧困のどん底に喘いでいる、といかにも深刻そうな表情で訴えて同情を誘う。モンゴル人は惻隠の情から彼らを住まわせるが、まもなく親族と称する者が増えてくる。やがて、同姓からなる大きな親族集団がモンゴルの草原で中国人の村落を作る。人口の面でも現地のモンゴル人より増えてくると、やがては横柄な態度を取り、逆にモンゴル人を支配しようとする。西協理タイジのドプチンドルジが管轄するウーシン旗西部はまさにその典型的な事例となっていた。

「中国人たちはもはや、義兄弟《アンダ》の私の言うことを聞かなくなった」

と西協理タイジのドプチンドルジは奇玉山少将に自分の限界について話す。早くも一九四〇年秋から八路軍の高官たちはもう態度を一変させていた。以前のように口を開けば「アンダ」と言わなくなったし、モンゴル人が従順な態度を示さないと逆に処刑したりするように豹変したのである。前任の西協理タイジのザナバンザルも八路軍の移民政策を批判したことで、「抗日を破壊した」とのレッテルを帖られて、トンガラク河の畔で公開処刑されたのである。

中国共産党がオルドス高原で罌粟を栽培している背後にはモンゴル人のドプチンドルジがいる、と見た国民政府中央監察院は彼を一九四一年秋に重慶に呼んだ。ドプチンドルジは陝西省北部の共産党と相談したところ、重慶行きはやめるよう言われた。

この時期、ウーシン旗の王で、奇玉山の兄テグスアムーランは亡くなり、王位が空白となっていた。亡きテグスアムーラン王が兼ねていたウーシン旗保安司令官のポストを弟の奇玉山が受け継ぎ、実質上、オルドス西部の最高指導者となった。

奇玉山は「西モンゴル抗日遊撃第一支隊」少将司令官として軍を指揮していたが、行政の面でオルドスの七旗のモンゴルを統括していたのは、ジャサク旗の王シャグドラジャブだった。モンゴル人たちは清朝時代から続く伝統に即して、定期的に一カ所に集まって、会盟《チョーラガン》という集会を開いて政治について議論し合っていた。シャグドラジャブ王はこの会盟を招集する盟長であった。一九四二年春になると、今度は盟長のシャグドラジャブ王もしきりにドプチンドルジを呼ぶようになってきた。重慶国民政府がシャグドラジャブ王に圧力をかけ、「共産党の罌粟栽培を支持する行為」について説明するよう求めてきたのである。

「陰暦の九月二十六日の会議に出席するように」

写真36　ドプチンドルジこと奇国賢の砦。中共に破壊されて廃墟となっている。

と盟長シャグドラジャブ王から書簡を受け取ってから、西協理タイジのドプチンドルジは自宅のあるイへ・フレーを八月末に発った。イへ・フレーとはモンゴル語で「大きな砦」との意である(写真36)。このイへ・フレーは私の家から西へ約五キロ離れたところ、チョーダイ平野にある。イへ・フレーの近くにシャラスンゴル河の支流の源がある。シャラスンゴル河は南下して黄河に注ぐ。

ドプチンドルジは部下のドルジニンブーら六人を連れて私の家の前を通って、陰暦の九月五日にダブチャクの王府に着いて奇玉山少将と面会した。「九月二十六日には、あの斜めの街道沿いの地で蒙政会が開かれる。私は行けないが、西協理タイジに代理を願いたい」と奇玉山は話す。盟長シャグドラジャブ王の招請であるので、誰も疑わなかった。

写真37　処刑前のドプチンドルジ

「斜めの街道沿いの地」に二十四日に着いてみると、シャグドラジャブ王は病気と称して会おうとしない。二十六日、国民党駐蒙政会の軍がドプチンドルジを逮捕し、そのまま東の東勝へと護送した。

一九四二年十一月十三日の朝。

冬の空に一発の銃声が響くと同時に、三十二歳のドプチンドルジ（写真37）は仰向けに倒れた。彼が愛してやまなかったモンゴルの青空に冷たい風が吹き、背中から温かい血が流れ出て、枯れ草に注いだ。

国民政府駐オルドス警備総司令官の陳長捷《ちんちょうしょう》の命令により、ドプチンドルジは銃殺された（台湾国史館「総統文物・積極治辺・五」）。罪状は「共産党の八路軍の匪賊と結託し、罌粟を栽培して抗日運動を阻害したこと」だった。

お父様、先に旅立つことをお許しください。私を生み、育て上げて、そして今までに支えてくれた御恩は決して忘れません。……

私はいろいろな人からお金を借りたので、その名前を記しておきます。どうか、我が家の馬群の中から適切な馬を選んで、借金の返済に充ててください。

国民政府軍に処刑された若き貴族が残した遺書である。

国民政府軍は、罌粟栽培を許可したモンゴル人に「抗日を破壊した罪」を擦り付けて処刑したが、実際に栽培していた共産党に対しては何ら有効な措置を取らなかったのである。ここに悲劇性と不公平さがある。

従者のドルジニンブーは馬車に西協理タイジの遺体を乗せて帰途につき、途中、我が家に一泊してからイヘ・フレーの砦に帰っていった（楊海英『墓標なき草原』上）。

†「赤い中国人」を支えるオルドス

同じ年の冬、中国共産党はウーシン旗西部の中国人村落内で「蒙漢自治抗日連合会」（略して抗連会）を設置した。中国人は勝手にモンゴル人地域で行政組織を設けてはいけない、という当時の中華民国の法律に違反する行為であり、奇玉山は不満だった。そして、名前こそ「蒙漢自治」だが、実際は全員がオルドス高原に入植した陝西省北部の中国人だった。

共産党はまたウーシン旗西部のボロホショー寺の近くで広発東《こうはつとう》という大きな商店を開いた。この広発東では白昼堂々とアヘンを売っていた。

「現金がなければ、羊を連れて、毛皮を持ってきて特貨と交換しよう」と「赤い中国人《ウラーン・ギタド》」が呼びかけていた。「赤い中国人」とは、共産党員を指す表現である。「現金がなければ、羊を連れて。生きた羊がなければ、毛皮を持ってきて特貨と交換しよう」という「赤い中国人」の表現はすっかり定着し、「アヘン中毒者」はモンゴル人の代名詞となってしまった。私は一九七〇年代に広発東のすぐ近くの中学校に通っていた。地元の中国人たちは数十年経っても、まだこの表現を使って、モンゴル人を馬鹿にしていたのを覚えている。

オルドスのモンゴル人の財産を吸い上げていたのは、アヘンだけではない。

八路軍はまだイヘ・シベル寺の近くで毛織工廠を作って、絨毯と毛布を製造していた。草原には町がなく、寺院が経済と文化のセンターになるので、自然に人々が集まってくる。モンゴルの遊牧民から無尽の資源として取られる毛皮は高品質のコートとなり、中国共産党の高官たちの体を温めた。このように、オルドス高原のモンゴル人の資源は、中国共産党割拠政権を支えると同時に、自身の貧困化をもたらした。そうした現実を一九三五年冬から七年間にわたって観察してきた奇玉山少将は確信した。「抗日を破壊する共産党に大義名分がない」、と彼は怒っていた。

殿《ノヤン》の奇玉山が怒っている、という噂はオルドス全体に知られるようになり、次のような言葉が流行った。

「モンゴル人が貧乏になった。広発東は繁盛した。殿の奇玉山が激怒した」

これは当時のモンゴル社会と中国共産党との関係を如実に表した表現である。

以上で描いてきたように、中国共産党にとって、モンゴルのオルドス高原はますます手放せない重要な地域となってきたことが分かる。

モンゴルと中国の間に位置するオルドス高原の重要性について以下にまとめてみる。

第一、オルドスでは早くも一九二〇年代半ばごろからコミンテルンとモンゴル人民革命党、内モンゴル人民革命党が活動していた影響から、共産主義に対する理解は断然、他の地域よりも進んでいた。政治的には中国からの独立を目指していたが、中国共産党に対するアレルギーは強くなかった。何しろ、その中国共産党もモンゴル人が独立するまで支持する、あるいは少なくとも中国とは連邦制の関係を結ぶと公言していたからである。共産党シンパは多く、それも特にドプチンドルジ（奇国賢）のような若い貴族たちが熱心だったので、八路軍も容易にモンゴル人社会に浸透することができたのである。いわば、近代モンゴルの精神的な風土が、中国共産党に侵入の隙を与えてしまったのである。

第二、オルドス高原はまた北のモンゴル人民共和国やソ連と通ずる交通の要衝である。国際共産主義陣営との連絡網を構築するには、オルドスのモンゴル人を味方につけておかねばならない。ドプチンドルジは完全に共産党に傾斜し、奇玉山はまだ態度を表明していなかったが、それでも、延安政権は彼と敵対する意思はなかった。何しろ、中華民国側に立つただ一人のモンゴル人少将は、オルドス西部に展開する二万人ものモンゴル人将兵に発令できるからだ。東の満洲国から中部の徳王政権に至るまで、内モンゴルの三分の二が日本軍と共に戦っている状況の中で、中華民国側の奇玉山少将の存在価値はますます高まっていたのである。

第三、オルドス高原は陝西省北部よりはるかに豊かだった。湖からは塩が取れて、古代からキャラバンによって中国本土に運ばれていた。モンゴル人の家畜はそのまま延安の兵士たちの食料となり、毛皮は貿易を支えた。そして、何よりも草原から採れるアヘンが革命根拠地の最大の経済的命脈になっていたのである。中国共産党にも少しはメンツがあり、彼らは決して陝西省南部のような、国民党支配地に近いところで罌粟を栽培しなかった。違法性が中華民国に知られるのを回避するのと、中国人の同胞たちをアヘン中毒者にしたくなかったからである。ひるがえって、オルドス高原ならば、国民党の勢力も直接は及んでいなかったし、アヘン吸引者が大勢出ても、それは異民族のモンゴル人だから、同情も憐憫もない。

このような重要性を帯びたオルドスであるので、中国共産党はますますモンゴル草原への侵入を強化していくのである。

第六章

呪われた蔣介石と毛沢東——国民党と共産党のはざまで

†民族主義的思想の渦巻き

「総統の目をえぐったのは誰だ」

と国民党軍の将校が拳を挙げて、モンゴル兵の顔を横から猛烈な勢いで殴打した。モンゴル兵はよろけながらも姿勢を持ち直したが、目から放つ反抗の光がまたもや中国人軍官を刺激した。一九四二年冬、オルドス西部ウーシン旗の王府所在地の練兵場での一幕である。軍営内に掲げられていた蔣介石総統の肖像画が破られていた。両目がえぐりとられ、そのうえ、首にはナイフが刺さっていた。モンゴル人の古い習慣に即して、中華民国の総統に呪いをかけていたのである。

「この〇脚め。野蛮人！」

と罵声があたり一面に響く。モンゴル人は小さいときから馬に跨るので、成長するにつれて、自然に両足が曲がり、いわゆるO脚になる人が多い。それを中国人に馬鹿にされていた。O脚はどうしてもまっすぐに立てないので、練兵場で将校に怒鳴られたのである。

国民党の将校たちはオルドス警備軍の総司令官陳長捷の部下で、第二十六師団長の何文鼎《かぶんてい》から派遣されてきた人々である。オルドスは中華民国第八戦区に入る。戦区司令官の朱紹良は甘粛省の蘭州に駐屯し、副司令官の傅作義は黄河以北の陝垻《シャンバ》に盤踞していた。ドプチンドルジを処刑した後、重慶国民政府は奇玉山少将の指揮するオルドスのモンゴル軍を正式に中華民国騎兵師団に編成し直したのである。二個大隊で、総数千七百人からなる騎兵である。計画では三カ月間軍事訓練をおこない、近代化を進めてから抗日の前線に行く予定であった。

ウーシン旗にやってきた国民党の将校たちは四十五人で、皆、軍官学校の卒業生である。彼らはモンゴル人を「野蛮人」だと見て、馬には乗れるが、近代戦は無理だと軽蔑していた。一方、モンゴル軍からすれば、中国人の将校たちはろくに馬にも乗れないし、射撃も下手くそだと見ていた。特に馬上射撃となると、モンゴル人は人馬一体となり、百発百中であるのに対し、中国人将校たちは馬から落ちないように鞍にへばりつくのが精いっぱいだった。いわゆる「近代的な訓練」とは、毎日整列して国旗に敬礼することだった。

「俺たちモンゴル人は中国人ではないので、なぜ、中華民国の国旗に敬礼しなければならないのか」

「蔣介石はモンゴル人の総統ではない」

と反抗する兵士たちを見て、奇玉山も苦笑いするしかなかった。

奇玉山の「西モンゴル抗日遊撃騎兵師団」は二個連隊（団）からなる。

写真38　オルドス・モンゴル軍第一連隊長の奇金山（右）。中央はブリンテグス、左は奇金山の衛兵セレンバルジュール。

第一連隊長は奇金山（ハナマンル、写真38）で、第二連隊長はエルデニトクトフ（鄂宝山）である。奇金山は貴族で、国民党に処刑された西協理タイジのドプチンドルジに近い親戚である。エルデニトクトフは奇玉山の姉、ハルジャンの夫で、義理の兄にあたる（一一七頁の系譜図参照）。エルデニトクトフ一族の祖先はシベリアのバルグージン盆地に住んでいた。どういうわけか、清朝時代にシベリアを経って、オルドス高原に移ってきたのである。オルドスに来てからは王一族の直属の領民となり、私の祖母もこの一族の出身である。エルデニトクトフは単なる軍人ではなく、名の知られた知識人でもあり、彼は『新編モンゴル語・中国語辞典』や小学校の教材を編集し、近代的な教育の導入と普及にも取り組んでいた（楊海英『モンゴル草原の文人たち』）。

第二連隊長のエルデニトクトフが近代化に熱心な知識人でもあったのに対し、第一連隊長の奇金山は思想的に共産党に共鳴していた。彼は一九二〇年代から内モンゴル人民革命党の民族自決運動に関わってきた人物である。

「奇金山は第二のドプチンドルジではないか」

と国民党重慶政府もそう疑っていた。綏遠省の傅作義将軍は奇金山を「党務研修」に呼びつけて、その行動を観察した。このように、二人の連隊長はイデオロギー上に違いがあっても、民族自決を獲得しようという目標は一致していた。このような民族主義的な思想は、一般の兵士たちにも共有されていたのである。

†我慢精神のないモンゴル

兵士だけでなく、二人の連隊長も国民党軍将校たちの進める訓練の仕方に不満だった。国旗掲揚や整列行進、そして分隊の繰り返しは役に立たないと認識していた。あんなものは、家を出て軍学校に入ったばかりの少年には有用であっても、百戦錬磨のモンゴル軍に今更必要はない。しかし、テグスアムーラン王が亡くなった後にはウーシン旗の保安司令官も兼任する奇玉山はそうした訓練も不可欠だと考えていたので、二人の連隊長も我慢強く毎朝の朝礼には付き合っていた。

旧正月の少し前に、第一連隊長奇金山はウーシン旗西部の家に帰った。彼の家は私の家から西へ七キロほど行ったところ、チョーダイ平野にあった。彼にはグンガーとバヤンナムル、エンケナムルとロンハダイという四人の息子がおり、決して裕福な家ではなかった。そのような奇金山は全財産を投じて、十日間の間に結婚していなかった二人の息子に相次いで嫁を見つけて、式を挙げた。そのうち、三男のエンケナムルは、私の叔母であるボロと結婚したのである。息子たちを結婚させて、一人前にしてから、決起する予定を立てていたからである。

「兵士たちの我慢も限界に達しているので、そろそろ決起だ」

と彼は周囲に漏らしていた。モンゴルは、我慢精神のない民族である。少しでも抑圧があると、すぐに決起する。決起を計画する奇金山の周囲には陳長捷司令官に処刑されたドプチンドルジの部下や親戚たちが次第に集まってきていた。モンゴル人は旧正月を賑やかに過ごす。馬に乗って親戚回りをし、酒を飲み交わし、歴史や政治について議論するのが好きな民族である。

「オルドスは反抗的《オルバダク》」「オルドスはすぐに蜂起《オルバホ》する」

という、頭韻を踏んだ古い言い回しがモンゴルにある。オルドスのモンゴル人はチンギス・ハーンの側近や有力な臣下たちの子孫からなる。チンギス・ハーンが逝去した後に、この民族の開祖を祭る任務にあたってきた集団である。チンギス・ハーンの生前は側近、死後は祭祀者集団という栄誉ある歴史を共有してきたために、モンゴルの中でも特に反抗的で、民族主義の強い人々である。まるで権力に反抗することこそが人生の唯一の目標だ、との価値観を抱く人々がオルドスには実に多い。奇金山連隊長とその周りのモンゴル兵たちもまたそのように中華民国に対して蜂起しようと準備し始めたのである。

†国民政府軍との文明的対立

ウーシン旗西部の貴族たちがモンゴル軍第一連隊長の家に集まって「反抗」を計画していたその頃、東のジャサク旗の「斜めの街道沿いの蒙政会」でもモンゴル軍と国民党軍が一触即発の状況にあった。包頭まで到達した日本軍と長期間にわたって対峙するには、大軍を養う必要がある。その国民党の守備軍に重慶からの物資が届かないので、現地で調達するしかない。具体的には草原を開墾して食料を生産し、モンゴル人の家畜をただ同然で買い取って食することである。

中国人からすると、草原は単なる「草地」や「荒地」で、開墾しないで「放置」するほど無知蒙昧なことはない。家畜も野生動物同様で、好きなように屠って食べるものだ、と中国人は思い込んでいる。モンゴル人は逆に、草原に一度鋤《すき》や鍬《くわ》を入れると、二、三年も経たないうちに沙漠となるのを知っていた。家畜も好きな時につぶして食べていては群れとして維持できなくなる。どんなに豊かな家でも、食用にする家畜は年に数頭しかない。こうした認識の違いは

写真39　オルドス・モンゴルのジャサク旗の貴族、協理タイジのアユールザナとその家族（写真提供：Batujirghal）

文明の差から由来している。国民党だろうと、共産党だろうと、どんなイデオロギーを信じようと、モンゴル草原を開墾して農耕地に改造し、「野蛮なモンゴル人」を追い出そうとの見方は、基本的に変わらない。

オルドス警備軍司令官の陳長捷は、モンゴルの「遍《あまね》く荒地」を開墾し（台湾国史館「総統文物」、陳長捷電蒋中正）、馬とラクダをただで提供せよ、とジャサク旗のシャグドラジャブ王に迫っていた。シャグドラジャブ王は同時にオルドスの七つの旗を行政の面で統括する盟長でもあったからだ。シャグドラジャブ王も当然、草原開墾に反対していたし、強力な軍隊を擁するウーシン旗などが抵抗するのも、彼は分かっていたので、簡単には応じない（写真39）。

一九四三年一月のある日。陳長捷司令官は六十数人からなる騎兵を連れて、東勝からジャサク旗の「斜めの街道沿いの蒙政会」にやってきて、「今春から草原を開墾する」と告げた。

シャグトラジャブ王は密使を七つの旗に派遣し、きたる五月二十五日にチンギス・ハーンの祭殿（八白宮）に集まるよう指示した。この日は陰暦の三月二十一日で、モンゴル人がチンギス・ハーンに供物を捧げる政治祭祀の日で、全モンゴルの貴族と有力者たちが集まる記念日だ。七旗から結集したモンゴル軍を動員して陳長捷警備司令官を逮捕し、その軍官たちを処刑する、という計画だった。

しかし、この計画が陳長捷司令官に知られてしまい、彼は二月二十一日にシャグドラジャブ王の王府を占拠して破壊し、王もオトク旗方面へ避難せざるを得なかった。ジャサク旗のモンゴル軍は果敢に国民党軍に抵抗したものの、敗れて西隣のウーシン旗に入ってきた。

すでに第四章でも述べたように、モンゴルには、ある旗の王と軍隊が他の旗の領内に入ることは、清朝時代から厳しく制限されてきた習わしがある。藩主が他の大名の支配地に足を踏み入れることなど、政治的には論外であるという日本と同じである。したがって、オルドスの盟長で、一旗の王が他の旗へ避難し、その軍隊も散ったという事実はまさに、ある藩が滅亡したのと同じくらい衝撃は大きい。そして、ジャサク旗が国民政府軍によって崩壊に追い込まれたとのニュースは西のウーシン旗の奇金山連隊長にも伝わってきた。草原開墾から始まったモンゴル軍と国民政府軍の文明的な対立はますます深刻化したのである。

†八路軍に煽動された蜂起

四月十一日に蜂起する、と奇金山は各地の貴族と軍人に伝え、決定した。その間に彼は僧を自宅に呼んできて、中国人の国民政府軍が滅ぶよう、呪いをかける儀式をおこなった。

四月十一日の黎明時。いつものように国旗掲揚の式が挙行される前に、ウーシン旗のモンゴル軍の軍営に奇金山の率いた貴族と軍人たちは朝霧に乗じて入ってきた。当時、奇金山の身辺にいたゴンブセレン（一九九六年当時七十一歳）が、一九九六年冬に私に以下のように語った（楊海英『草原と馬とモンゴル人』）。

ババ小隊長は真っ黒の馬に乗っていた。鬣を切っていなかった。走ると尾がまっすぐになるんだ。連隊長は先頭を走っていた。ソノムというやつは灰色で斑点のある雄ウマだった。走りだすと両耳を垂らすくせがあった。速いウマだった。テムールという男のウマはまだらの牝ウマだった。四本足は真白でね。……わしは父親からもらったナツメ色の雄ウマに乗っていた。

このように、モンゴル人は戦馬の毛色と走り方から語り、自らの歴史を振り返る。

軍営内ではエンヘマンナイ参謀長らが呼応し、国民政府軍の関係者七十数人を全員捕まえた（台湾国史館『総統文物』「積極治辺・五」「楡林鄧宝珊発至重慶蔣委員長電」）。綏遠省の傅作義将軍が派遣してきた二人の師団長と、東北満洲の馬占山の部下で馬を買いにきていた軍官五人、南京からの特派員五人など、合計三十八人を沙漠に連れて行って、銃殺した。第一と第二中隊が十八人、第三中隊は三人、第四中隊は十七人と、分かれて執行した。一方、陝西省楡林に駐屯する国民党軍第二十二軍からの二十人の幹部は処刑せずに追放した。楡林はウーシン旗の近くにあり、古くからの付き合いに免じて、一命を助けてやった、という配慮である。まもなく、負傷した軍官二人も死に、犠牲者は四十人となった。

奇金山はジャサク旗で発生したシャグトラジャブ王の避難とモンゴル兵の暴動、それに陳長捷司令官の弾圧について、知っていた。だからこそ、彼はあえて武装蜂起して、オルドス全体で国民政府軍と対峙しようと考えた。

「殿《ノヤン》はどうなさいますか」

と奇金山は奇玉山少将司令官に迫った。中華民国政府から派遣されてきていた国民党軍の将校を四十人も処刑したことは、明らかにクーデターである。そして、なんと奇金山の背後には中国共産党ウーシン旗工作委員会の書記、徐子猷などがいる、と奇玉山にはすぐに分かった。

八路軍が裏で糸を引いていたのである。

「兵士たちに不満があるのは、分かっている。それにしても、殺しすぎではないか」

と奇玉山少将は奇金山を諭《さと》す。そして、軍営内を眺めると、第二連隊長のエルデニトクトフがいなくなっているのに気づいた。

†小を以て大に勝つ

奇金山第一連隊長がウーシン旗西部で貴族と軍人たちを集めてから王府方面へ戦馬を駆って向かっていた頃、第二連隊長のエルデニトクトフはタラインウスの自宅内で僧侶たちを呼んで、秘密の儀礼を実施していた。壁に共産党八路軍最高指導者の毛沢東の肖像画を飾り、チベット仏教の経典の一つ、「白傘蓋仏《チヤガン・シクールダイ》」（写真40）を十数人の僧侶たちがリズミカルに繰り返し唱えていた。白傘蓋仏は、チベット仏教の信仰の中でも、国家鎮護の仏として、十三世紀の元朝時代から清朝を経て広く信仰されてきた（石浜裕美子『清朝とチベット仏教』）。オルドスの民間にはほとんどの家に「白傘蓋仏」の手写本があり、外敵が侵略してきた時に読誦する。エルデニトクトフは、延安に盤踞する毛沢東の中国共産党こそ、モンゴル人の最大の敵であると認識し、僧侶たちを自宅に招いて、厳かな儀式を挙行していたのである。そこへ、前出のババ小隊長の部下がやってきて、奇金山の行動について知らせた。

写真40　白傘蓋仏（出典：吉布著『唐卡中的度母、明妃、天女』）

第二連隊長のエルデニトクトフはそのまま自宅から馬を飛ばして、一路、ウーシン旗北東部のチャガン・トーリムに入った。ここに、国民政府軍駐オルドス警備軍の第二十六師団が駐屯していた。エルデニトクトフは何文鼎師団長に会い、第一連隊長奇金山が共産党八路軍の徐子猷と組んでクーデターを発動した、と伝えた。

何文鼎師団長はただちに二個連隊の歩兵四千人と、胡文泰を連隊長とする騎兵連隊一千人を派遣して鎮圧にあたらせた。国民党軍が接近してきたという情報が届くと、王府にいた約三百人のモンゴル兵は政府所在地の東側の沙丘に入って、ゲリラ戦を展開したが、ほとんど意味がなかった。あるモンゴル軍の証言である。

国民党軍は五千人もいて、一万人と号していた。ぴかぴかの鉄兜《ヘルメット》をかぶり、赤い軍旗を掲げて整然と東から行進してくる。遠くから眺めると、まるで黒い雲が動いてくるような感じだった。彼らはメーリン寺の盲目の僧アブーを捕まえて、顔面の皮を剝がすなどの暴挙に出た。そして、途中に出会った家畜群にも一斉射撃を浴びせ、牛を捕まえると、生きたまま大腿部の肉を切って焼いて食べていた。家畜は何の関係もないのに、やはり中国人の戦い方には文化的な違和感を覚えた。

私たちは方々から射撃を浴びせた。撃たれた兵士がばたばたと倒れても、全軍はそのまま行進していく。結局五百人ほど殺したが、まったく動じずに前進を続けた。

五月五日、国民政府軍はウーシン旗王府を占領した。

クーデターを起こした奇金山第一連隊長は司令官の奇玉山を連れて王府西部の高い山、アラク・トロガイを越えて西部の故郷へ逃亡した。アラク・トロガイとは、モンゴル語で「まだらの峠」との意だ。真黄色の沙丘に樹齢何百年もの原生林が広がる地で、そのような名称がついたのである。モンゴル軍は四十数人の犠牲者を出したのに対し、国民党軍は五百人以上の兵士を失った。少し早めに結論の一端を示しておくが、この一九四三年四月の戦闘で、モンゴル軍は小を以て大に勝ったことで過信する。その過信から、彼らは一九五〇年五月に共産党の大軍と対峙した際に、全滅の運命を迎える。

†モンゴル軍の分裂

「殿《ノヤン》はどうして奇金山と一緒にウーシン旗西部に来なかったの」

と私は子供の頃に何回もこのように父と他の大人たちに尋ねたが、その都度、「子供は政治の話は聞かないように」と戒められたものである。文化大革命期の厳しい政治的環境の中にいても、モンゴル人は時々集まっては、極秘に現代史について語り合う。そして、いつも決まって、一九四三年四月に発生した「ウーシン旗の蜂起」が話題になる。モンゴル人が特に熱心に議論し合うのは、少将司令官の奇玉山がアラク・トロガイ峠で奇金山連隊長と別れた経緯である。

奇金山は当然、「殿の奇玉山」を連れて、延安の八路軍に帰順したかった。中国共産党も徐子猷書記を指導者とする「ウーシン旗工作委員会」を通して、オルドス高原の最有力の軍人、少将司令官の奇玉山を自らの陣営に組み入れようという統一戦線の目標を立てていた。しかし、奇玉山司令官は第一連隊長の奇金山と共に行動しなかった。

「妻が陣痛を訴えているので、これ以上の行軍は無理だ」

と、少将司令官の奇玉山は峠の上で奇金山第一連隊長に告げた。

当時のモンゴル人は女性が分娩する際に、特別の天幕を設けて、安産を確保する。助産婦はたいていシャーマンが兼業していたので、安産祈願の儀式も欠かせない。そして、男たちは絶対に赤ん坊が生まれたばかりの天幕に近づかない。赤ん坊とその母親を驚かせないためである。

写真41　オルドス・モンゴルの名刹、トーリム寺。19世紀末から多くの歴史の舞台となった。

「健康な赤ん坊が生まれるよう」

奇金山がそのように祝辞を述べてから峠の西斜面を下りて、ウーシン旗西部へと疾駆した。西部はすでに共産党八路軍の支配下にあり、草原の至るところに種が播かれたばかりの罌粟畑が広がっていた。第一連隊長の奇金山に従ったモンゴル兵は約百七十人だった。ごく少数である。

罌粟畑を見たくなかった司令官の奇玉山少将は峠の北、トーリム寺（写真41）付近のアルタンチチクの家に入った。彼はここで特別な天幕を一張用意し、リンハワー（蓮花）

夫人の分娩に備えた。

五月十四日、国民政府軍第二十六師団の何文鼎師団長がトーリム寺を訪れ、少将司令官の奇玉山と再会した。二人は以前に義兄弟の関係を締結していた間柄である。射殺した家畜群と破壊したモンゴル人の天幕を賠償するという条件で、両者は和解した。ウーシン旗のモンゴル軍が国民党の将校四十人を処刑した問題は「反乱した奇金山に責任がある」という見解で、重慶の蔣介石総統に報告した。まもなく、方々に展開してゲリラ戦を続けていたモンゴル軍の兵士たちもほぼ全員、王府に帰還した。その数は一千五百人に達していた。

ここから、オルドスで強力なモンゴル軍を擁していたウーシン旗の「西モンゴル抗日騎兵師団」は東西に分裂した。奇玉山少将司令官は国民党側に、奇金山第一連隊長は共産党側に、それぞれ追随することになる。両者がアラク・トロガイの峠で袂を分かった時に、モンゴル兵同士でも衝突が生じた。普段は仲の良い友人同士でも、中国人の政治組織である国民党と共産党の対モンゴル政策をめぐって、銃口を向け合い、血で血を洗った。私はこのような凄惨な内紛劇を聞かされて育ったが、体系的に物語を整理できたのは、一九九一年から故郷で聞き書き調査を始めた頃である。

†アヘンという給料

中国共産党は陳長捷司令官によって追放されたオルドスの最高行政長官のシャグトラジャブ王を延安に拉致して、反国民党のシンボルにしようと動いたが、モンゴル人の抵抗に合い、途中で断念した。その代わりにウーシン旗騎兵師団の第二連隊長のエルデニトクトフを逮捕して、延安に連行した。エルデニトクトフは奇玉山少将の姉の夫であるので、人質とされたのである。「あまり親国民党の反動政策を取ると、義兄を殺す」、という脅かしのメッセージを共産党ウーシン旗工作委員会が王府に伝えてきた。

シャグトラジャブ王自身は延安に行かなかったが、ジャサク旗の東協理タイジを代表として、奇金山の部下であるバウードルジ（奇国華）とドルジニンブーの三人を共産党の支配地に派遣した。バウードルジは陳長捷司令官に処刑されたドプチンドルジ（奇国賢）の四弟で、ドルジニンブーはその従者だったので、このメンバーはいわば、国民政府軍の被害者で構成されていた。三人が共産党の陝西省北部の高官、趙通儒の案内で延安に入ると、毛沢東は直ちにモンゴル人たちと接見し、以下のように話した（王慶富「哈諾墨拉伝略」）。

貴方たちモンゴル人が陳長捷や何文鼎のような国民党の大漢族主義の抑圧政策と戦うのは素晴らしいことだ。私たちも支持するし、武器弾薬を提供する。

写真42　八路軍の兵士だったネメフ老

毛沢東はその場で、陝甘寧辺区留守兵団警備第三旅団長の賀晋《がしん》年《ねん》に命じて、奇金山の「蜂起軍」に長銃四十丁を渡し、親共産党の騎兵連隊を組織するよう指示した。陝甘寧辺区とは、陝西と甘粛、それに寧夏という三省の略称である。モンゴル人の一行が延安からオルドスのウーシン旗に戻ると、すぐさま連隊を設置した。奇金山が連隊長に、アルビンバヤル（王悦豊）が副連隊長に任命された。連隊は四個大隊からなるが、兵士の数は少なかったので、将来に補充すると決まった。モンゴル人の奇金山が正式に八路軍に帰順しても、少数民族の軍隊には古い武器を提供し、その規模を抑えて、プロパガンダ以上に実戦能力が増強されないようにコントロールするのが、中国共産党の基本方針であった。

中国共産党は一時、支配地域の陝甘寧辺区でアヘンを給料として幹部と軍人たちに支給していた（台湾国史館『蔣中正総統文物』「種々不法罪行・一」「西安胡宗南密電」）。八路軍の騎兵連隊になった奇金山のモンゴル軍の給料もアヘンだった。実際に奇金山の下で一時、八路軍の兵士になっていたネメフ（一九九二年当時、七十六歳。写真42）という人が一九九二年五月十六日に私に当時の給料について証言した。

連隊長の奇金山——月百両《テール》のアヘン
副連隊長のアルビンバヤル（王悦豊）——月五十両のアヘン
中隊長——三十両
一般兵士——月二両のアヘン
「当時は馬一頭がだいたい三両のアヘンで買えたので、兵士たちは高給だった」
とネメフ老は語る。

単純に計算して、アヘン百両だと三十数頭の馬が買える。金持ちのモンゴル人でもだいたい百頭の馬を所有していたにすぎないので、中国共産党は奇金山をきわめて優遇していたと言えよう。給料をアヘンという特貨で支給していた事実から見れば、中国共産党は相当、潤沢な資金源を確保できていたと判断できる。

†豚を連れた八路軍との戦い

共産党八路軍の騎兵連隊長になったことで、奇金山と奇玉山との対立は決定的となった。一九四四年七月、奇金山はウーシン旗西部のシベル寺で大きな毛織工廠を建てて、多数の中国人を働かせた。毛織工廠が生産した絨毯や毛布はすべて、中国内地の延安へと運ばれ、地元のモンゴル人を雇ったり、モンゴル人に売ったりすることはなかった。

奇金山の「蜂起」を支援するため、陝甘寧辺区留守兵団警備第三旅団長の賀晋年は一個連隊の騎兵と、一個大隊の歩兵を率いてウーシン旗を占拠しようと長城を越えてモンゴルに入り、シャラスンゴル河の支流、ムホル河の源流までやってきた。ここに陝西省北部からオルドスに入植してきた中国人の村落があったからだ。中国人はやはり、中国人の村落に投宿する。

八路軍の第三百五十九旅団の一個中隊はムホル河の北、シャルリク寺に駐屯していたが、軍規が乱れていた。中国人兵士たちは寺に入り込み、仏像の鍍金を銃剣で剝がしてポケットに入れた。また、モンゴル人が神聖視し祭っていた高僧のミイラを、銃剣で刺してめちゃめちゃに壊していたので、僧侶たちの怒りも収まらなくなった。そして、寺院に参拝に訪れていた女性をレイプした。

八路軍の侵略と暴虐を知った奇玉山少将は二個連隊の精鋭を連れて西部のイヘ・フレーに入った。前章で述べたように、「大きな砦」を意味するイヘ・フレーは記名協理タイジ（後に西協理タイジに昇進）のドプチンドルジの邸宅で、チョーダイ平野の南端にある。砦の前にはバガゴル河があり、東に沙漠が横たわる。ムホル河とイヘ・フレーの間に、私の実家がある。一九四四年七月二十日の朝、八路軍と奇玉山少将のモンゴル軍がこのイヘ・フレーで激戦を繰り広げた。

「雨の降る日だった。銃声は早朝から聞こえた」

と、私は子供の頃から祖母（写真43）から聞いていた。天気は西からくずれる。それなのに、八路軍の賀晋年部隊は東から西へと攻めた。雨と風に向かって突進する時、前方は見えにくい。モンゴル軍も決して砦を利用した戦いを得意としないが、最初は城壁の上から迎え撃った。

写真43　著者の祖母（中央）

「シナ人はまるでウサギのように沙漠の上を匍匐しながら近づいてくる。私たちは城の上から百発百中で撃った。そして、不思議に思った。どうして、自ら進んで死を選ぶのだろうと」

と、奇玉山少将の身辺にいたモンゴル兵の一人が、私にこのように証言した。賀晋年旅団長の一個大隊の歩兵がほぼ全滅したのを見届けてから、モンゴル軍は城門を開けて戦馬の腹を力強く蹴った。そして、刀が光った瞬間に、八路軍の騎兵は沙漠に落ちて、先に死んだ歩兵の死体の近くで異国の露と化した。

夕方、八路軍はまた我が家の前を通って、東のムホル河に帰っていった。彼らは豚を連れて、鍋を背負っていた。傷兵は途中で息絶えても、誰も面倒を見ようとしなかった。

数日後、蛆虫の湧いた遺体があちらこちらに散乱していた。

これは、八路軍の敗残兵の姿を眺めていた祖母の証言である。賀晋年旅団長が率いていた兵士が騎兵と称しても、馬の背中にへばりつくのが精いっぱいで、騎馬戦なんか論外だった」と後日、「シナ人、それも南方のシナ人はそもそも馬に乗れない。賀晋年旅団長が率いていた兵士が騎兵と称しても、馬の背中にへばりつくのが精いっぱいで、騎馬戦なんか論外だった」と後日、人民解放軍の騎兵となった父が傍から言う。賀晋年部隊は歩兵が全滅で、騎兵も大半を失った。対する奇玉山が指揮するモンゴル軍側ではダランセレンという男が戦死し、シザという若者が負傷しただけで済んだ。

賀晋年旅団長の指揮は不当だった、と今日では中国共産党もその公式記録の中で認めている。「毛沢東主席の戦略思想を無視し、現地の情勢を分析しようとせずに、敵を軽視したために重大な過ちを犯した」、と断じている（雲祥生「当年鏖戰急」）。賀晋年は中華人民共和国の建国後に第二砲兵部隊（ミサイル部隊）司令官に昇進した。

一方のウーシン旗のモンゴル軍は一死、一傷しただけで、ほぼ無傷である。一九七三年夏、我が家が家畜を追ってイヘ・フレーの近くへ移動した際に、沙漠に白く光る無数の人骨を目撃した。

†国民政府軍の圧力

中国人の八路軍の単独作戦では、モンゴルのオルドスに進出できない、と判断した延安政権は八月に奇金山を「革命根拠地」に招待した。

「貴殿は抗日の英雄にしてモンゴル民族の指導者である」

と、延安に入った奇金山に対し、毛沢東はこのように称賛した。日本軍がどんな顔をしているかも、奇金山はまだ知らないし、モンゴル民族もまた彼を指導者だとは認知していなかった。すべてはプロパガンダである。

毛沢東から褒められた奇金山は延安から帰ると、共産党への傾斜を加速した。秋、彼は延安滞在中のモンゴル人政治家雲沢（後のウラーンフー）の指示を受けて、ウーシン旗西部に「蒙漢抗日連合会」（抗連会）を設置し、自らがその主任になった。抗連会が設置されたことで、陝西省北部からの中国人移民は一層増加し、ほぼ全員が罌粟栽培に携わっていた。その年もまた、約束されたかのように、罌粟は草原を埋め尽くした。

「連隊長殿は遠くに行こうとしているのではないか」

と西モンゴル抗日遊撃師団長の少将司令官奇玉山は奇金山の親共産党的行動に懸念を示し、周囲にそう話した。元々、二人ともチンギス・ハーン家出身の貴族で、共に国民党の抑圧に不満だった。それなのに、奇金山がますます延安との行き来を増やし、公然と罌粟の栽培に手を染めるようになったのでは、怒りも湧いてくる。

「蒙漢抗日連合会」という立派な冠をかぶりながら、抗日前線に行っていないではないか。逆に特貨のアヘンを生産しては国民党支配地とモンゴル草原で売買するのは、立派な「抗日に対する破壊行動」になる、と奇玉山はそう認識していた。

「遠くに行ってしまわないよう、連隊長殿を説得しよう」

と、奇玉山は、知識人でチベットの政教一致の指導者パンチェン・ラマの側近でもあるチャガンドンと、国民党駐オルドスの協賛専員（特派員）の慕幼声《ぼようせい》などを派遣して、中国共産党との危険な付き合いをやめるよう忠告した。しかし、奇金山はその都度、断った。国民党の中華民国政府は日本軍と徳王政権の軍隊から唯一のモンゴル人地域を確保するために、オルドスの軍備を増強した。人員を拡大して訓練を強化し、費用はすべて中央政府から支給される。オルドス高原東部ではジュンガル旗が中心となり、黄河を隔てて日本軍と対峙する。西部ではウーシン旗のモンゴル軍が増強されて、長城を挟んで共産党の八路軍に対応する、という戦略である。しかし、ジュンガル旗のモンゴル軍もまもなく日本軍に投降する。かくして、奇玉山少将の下で、モンゴル軍は三個大隊九個中隊にまで拡大した。その間も、奇玉山は親戚の者を西部の奇金山の家に派遣して、共産党との関係を絶つよう説得したが、効果はなかった。

「連隊長殿ご本人が馬に乗って戻ってこないならば、せめてその顔に会いたい」と、一九四五年二月十二日の晩に奇玉山少将は話した。これは、モンゴル語の独特な表現である。「馬に乗ってくる」ことは、丁重にその帰還を歓迎するとの意である。「顔に会いたい」とは、首を取ってこい、との意味である。すでにその前の一九四四年十一月には黄河以北の陝垻に駐屯していた傅作義将軍から「奇金山を除去せよ」との密電が届いていたし、また再度の催促命令も下された（台湾国史館『総統文物』「積極治辺・五」傅作義従陝垻電蔣中正）。「一九四三年にクーデターを起こして共産党八路軍に投降した奇金山を厳罰せよ」との内容だったが、奇玉山は遅々として執行していなかったので、複数回にわたって圧力がかけられたのである。

†暗殺の行軍

翌十三日は旧暦の正月一日に当たる。

草原のモンゴル人たちはみな、酒を飲み、馬に乗って親戚の家を回って挨拶していた。王府の軍営からはセデンラシとオバイに率いられた百名のモンゴル兵が西に向かって、戦馬を駆った。彼らは全員、二頭の馬を連れている。途中、別の馬に飛び乗るようにし、昼夜強行軍して、十五日の夜にはバト湾に到着した。バト湾はシャラスンゴル河の入り江で、近くに五胡十六国時代の赫連勃勃《かくれんぼつぼつ》の首都、統万城の廃墟が立つ。モンゴル騎兵は河を苦手とするので、地元の僧侶ロブサンに案内を依頼した。ロブサンはボロホショー寺の僧で、トリという草原に住む愛人の家で正月を過ごそうとしていたところをモンゴル騎兵に捕まった。モンゴル騎兵は夜のうちに氷の上に沙を撒き、戦馬の蹄に葦を草履のように巻き付けてから渡った(写真44)。河を渡ると、騎兵は二手に分かれて西のボロホショー寺を目指した。ここに奇金山連隊長が泊っていた。

陝西省北部の定辺県に来て旧正月を祝おう、と八路軍は奇金山を誘ったが、彼は行かなかった。中国人地域で旧正月を過ごすと、軍心が動揺する、と彼は判断したからである。八路軍に帰順したとはいえ、完全に「革命根拠地」で活動する気にはならない。何よりも兵士たちは中国語が話せないし、現地の食べ物にも慣れないからである。奇金山は大晦日に兵士たちに一週間の休みを与えて解散し、自分と衛兵だけがボロホショー寺に残った。連隊本部がこの寺に置かれていたからである。

写真44　冬のシャラスンゴル河。渓谷は深く、騎馬のモンゴル軍の前進を阻む地形である。

小《ショー》バートルとオバイの二人が息を殺して僧房に近づく。人差し指に唾を付けて窓の紙に小さな穴を開けてみる。すると、連隊長は一人でオンドルの上に横たわって、アヘンを吸っているではないか。小さなアヘン用のランプに照らされて、連隊長の顔は余計に白く見えた。衛兵のセレンバルジュール（前出写真38の左）は隣の部屋で鼾をかいて寝ていた。二人は大胆にも穴をさらに大きく広げて、そこから引き金を引いた。連隊長は小さく唸っただけで、動かなかった。衛兵は銃声に驚いて起き上がろうとしたが、一発浴びて、あの世へと旅立った。

これは、私が子供の頃から何十回と聞いてきた話である。奇金山の近くで、八路軍の幹部として働いていた私の叔父、オーノス（楊玉祥。写真45）も当然、旧正月を過ごそうとして家に帰っていた。連隊長が殺害されたとのニュースを聞いて駆けつけると、僧房のオンドルの上が血だらけになっていたという。叔父オーノスと父、それに当時は八路軍側にいたモンゴル人たちがこの暗殺を振り返る時にはいつも、「残忍なシーンを子供に語らない」と

写真45　青年時代のオーノス。後に内モンゴル自治区文化庁副庁長になるが、文化大革命の際に迫害を受けた。

して、私に「外に行って、羊の群れを見てきて」と会話の場から外されていた。しかし、私は知っていた。オンドルの上の血は、連隊長の首が切り取られた後のものである。

モンゴル人はガーミン(革命)について、まるで英雄叙事詩のように語る。

「小バートルとオバイたちが王府の軍営に戻り、少将司令官奇玉山の前に奇金山連隊長の首を置いた瞬間、その目が開いた」

このような伝説がある。「顔に会いたい」と奇玉山が話していたので、希望通りに会えて、目が開いたのだろう。

†追悼文にみる民族自決と連邦国家

奇金山連隊長が殺害されたとのニュースが共産党の割拠地の延安に伝わると、中央民族事務委員会の雲沢(ウラーンフー)の主催する追悼の集会が一九四五年五月四日に開かれた。共産党は中国の習慣にしたがい、数十頭もの豚を屠って、その頭を奇金山の霊前に供えた。中国人は死者を悼う時に豚を供物として用いる。そして、ウラーンフーは以下のように演説した(雲沢=烏蘭夫「悼念哈諾墨拉、控訴十八年来国民党内反動派圧迫蒙古民族的罪行」)。

早くも一九二五年から二七年の間に、私たち内モンゴル人民は革命運動を起こし、革命党を組織して、民族自決と自治運動のスローガンの下で、民生改善の要求を出した（中略）。

共産党はモンゴル人に力を貸して抗日の武装勢力を組織し、地方自治政府も建立した。そして、少数民族には自治と自決権を与える、とはっきりと宣言している。私たちは毛沢東同志が中国共産党第七回全国大会でおこなった報告を心から擁護し、毛沢東同志の周りに堅く団結しよう。そして、連合政府を実現させるために、モンゴル民族の自治と自決のために、日本帝国主義を打倒し、独立と自由、民主と統一のために、強くて豊かな連邦国家の実現のために奮闘しよう。（傍線は著者）

この追悼文の中で、特に注目しなければならない点は、文中に傍線を引いたところである。まず、一九四九年以降に内モンゴル自治区の最高指導者となった雲沢すなわちウラーンフーは、自治ではなく、民族自決の理念を掲げていたのである。自治は特定の地域での文化的な自治だけを指すのに対し、自決とは、分離独立権が伴う政治的な権限で、両者の間には天地の差がある。モンゴル人は当時、たとえ雲沢のような共産主義者であっても、追い求めていたのは自決であって、決して自治ではなかったのである。

次に、内モンゴルと中国との関係も連邦や連合政府であった。後日に出現した中国人だけを支配者とする、一党独裁の「人民共和国」を想定していなかったのである。雲沢は中華人民共

写真46　西夏時代の古城、ハラ・バルグス。著者はこの近くの小学校に通った。

和国が成立してからも、簡単に独自の政治理念を放棄しなかったので、文化大革命が勃発する直前の一九六六年五月に粛清された（楊海英『中国とモンゴルのはざまで――ウラーンフーの実らなかった民族自決の夢』）。

†革命の代償

奇玉山少将は奇金山の首を丁重に葬った。首とは別に、奇金山の胴体を収めた墓はシベル寺の北、ハラ・バルグス（古城）にある。ハラとは黒で、バルグスは廃墟を指す（写真46）。この「黒い廃墟」は十世紀から栄えた西夏《タングート》の都城址で、後にチンギス・ハーンのモンゴル軍に破壊されたと伝えられている。私が通っていた小学校はまさに「黒い廃墟」と奇金山の墓の間にあった。レンガで作られた円錐形の墓に、首のない遺体が眠っている、と小さい時から知っていた。

首と胴体を合流させなかったので、奇金山の後裔が悲惨な運命を辿った、とオルドスのモンゴル人は指摘する。「悲惨な運命」とは、後に一九六六年から文化大革命が発動されると、奇金山の一族は全員、「封建社会の貴族」、「アヘンを吸引する搾取階級」とされた。そのうち四男ロンハダイは共産党主催の批判闘争大会でのリンチに耐えられなくなり、井戸に身を投げて自殺した。罌粟の栽培を許可した奇金山連隊長も、自身の子孫が中国共産党からそのようなレッテルを貼られて迫害される結末を想定していなかっただろう。

中華民国政府と国民党にとっても、モンゴル人の故郷であるオルドス高原は重要な地である。すでに東から満洲と熱河、チャハルとシリーンゴル、綏遠などを日本軍に占領された以上、残っていたのはオルドスと遥か西のアラシャン沙漠だけである。オルドスにはチンギス・ハーンの祭殿があり、モンゴル人も大軍を擁している。このような要衝を失えば、モンゴル全体に動揺を与える。オルドスを失うまいとして、綏遠や山西省の国民党軍が「戦略的退去」と称して方々から侵入してきたのである。オルドスを拠点とすれば、第一に日本軍が黄河を渡って西へ進攻するのを防ぐことができるし、モンゴル人の共産党への接近を阻止することも可能となる。

というのは、国民党の中華民国政権も、毛沢東が遥か南方から北の延安まで逃亡した意図が分かっていた。オルドスを経由してモンゴル人民共和国ないしはソ連領に逃げ込むか、少なくとも交通ルートを打開しようという狙いである。それを阻止するために、国民党軍はオルドスを囲むように、四方から包囲網を構築していた。そうした中で、オルドス西部のウーシン旗が割拠地延安と一体化した罌粟栽培地となり、現地のモンゴル人貴族が共産主義思想に染まっていくのを決して座視するわけにはいかなかったのである。罌粟栽培とソ連との「密通」はまぎれもなく「抗日を破壊する行為」であるので、二人の貴族、西協理タイジのドプチンドルジと奇金山連隊長が殺害されたのである。

国民党とモンゴル人の一部が激しく対立したことで、漁夫の利を得たのは、共産党八路軍である。中国共産党こそがモンゴル人の味方だ、との宣伝は以前よりも強まり、モンゴル人社会の分裂も一段と進んだのである。モンゴル人は蔣介石と毛沢東の二人に呪いをかけてその滅亡を祈願したが、最終的には中国革命に呑み込まれる運命を辿ったのである。

むろん、延安の共産党だけでなく、国民党の陳長捷司令官もモンゴル人の草原を開墾しようとした。党派や思想と関係なく、中国人はとにかくモンゴル人の草原に垂涎する。草原を切り開いて農耕地にしようと夢想する中国人は古代からモンゴルなどの遊牧民と文明間の衝突を続けてきたのである。それが、日中戦争時にも繰り広げられていた。中華人民共和国が成立してから、共産党は「国民党反動派」の草原開墾を批判しながら、もっと大規模な放牧地を開拓し、沙漠に変えていったのである。

第七章 天運尽きて、時勢に流るる――モンゴル人自決運動の挫折

†中国人のラマ

一九四五年四月のある日。

オルドス高原西部のウーシン旗の名刹、シベル寺の住職モルムジャムソは一人の新しい弟子を受け入れた。名前はアルタン・チンゲルで、中国名は金貴だという。仏門に入るなら、モンゴル人は普通六、七歳くらいの時にするのが一般的で、ラマ教（チベット仏教）の小坊主《バンディ》もたいていは、十代前半がほとんどである。アルタン・チンゲルはすでに二十四歳の青年だったので、誰が見ても、普通の僧《ラマ》ではないのは、一目瞭然だった。

しかし、シベル寺の四十数人のモンゴル人僧たちは誰も住職が受け入れた新しい弟子を差別しなかった。彼は特別な人物で、毛沢東の割拠地延安から派遣されたからである。延安からの僧をモンゴル人は温かく迎えた。中国共産党も宗教の存続を認めてくれた、と思ったからであ

る。住職のモルムジャムソはこの時、すでに陝甘寧辺区の参議員になっていた。

アルタン・チンゲルはモンゴル人ではなく、中国人の劉璧である（写真47）。

一九九六年三月二十六日、奇しくも五十三年前の一九四三年にオルドスの盟長シャグトラジャブ王が国民政府の陳長捷司令官の草原開墾に反対して武装蜂起した記念日（前章参照）に、私はフフホト市内に住む劉璧を訪ねた。内モンゴル自治区の政府高官が住む高級住宅街の一室で、劉璧は私に過去を語った。彼は内モンゴル自治区公安庁の元庁長であったので、当時も厳重な警備態勢の敷かれた豪邸に住んでいた。

写真47　中国共産党のスパイ劉璧とモンゴル人僧侶モルムジャムソが1984年8月に撮った1枚。左は劉夫人（写真提供：劉璧）

アルタン・チンゲルこと劉璧は中国共産党の優秀なスパイだったのである。

彼は綏遠省の省都フフホト近郊に住む、中国人入植者の家庭に次男として生まれた。兄の劉洪生も共産党員で、日本軍に帰順した中国人部隊の大隊長になっていたが、身分がばれて処刑された。危険を感じた劉璧は一九四〇年に延安に逃亡し、中国共産党に入った。共産党は劉璧のようなモンゴルで生まれ育った青年たちを延安民族学院に配置し、対少数民族工作用の幹部として教育した。彼はこの延安民族学院で内モンゴル西部のトゥメトやオルドスからのモンゴル人青少年たちと机を並べて学んだ。私の叔父オーノス、父バヤンドルジもまた延安民族学院の卒業生である。戦後、中国共産党は日本軍支配下の満洲地域のモンゴル人を「日本刀を吊るした奴ら」と蔑んだのに対し、延安民族学院を出た者は「根本から赤い革命派」だと称賛していた。

劉璧がアルタン・チンゲルとして、オルドスのシベル寺の「小坊主」になったのには、以下のような国際情勢の変化が起こっていたからである。

一九四四年末になると、日本の敗戦はもはや避けられない事態となった。日本軍が降伏した後に備えようと、国共両党の暗闘もまた一段と激しさを増してくる。極力、多くの占領地を日本軍からもぎ取ろうと両党が動き出した。延安はそうした中で、特に「北線工作」すなわちモンゴルの綏遠とオルドスへの浸透を強める方法を採った。そこで、劉璧も延安民族学院から「陝甘寧辺区保安処」という対モンゴル諜報機関に移動したのである。

†日本を模倣したスパイ工作？

草原に向かって出発する劉璧に対し、陝甘寧辺区保安処の李啓明《りけいみん》処長は次のように話した

（劉璧「戦闘的歴程」）。

日本の悪魔どもは早くも満洲事変の前から日本人児童をモンゴル草原のモンゴル人の家に住まわせる方法を採用していた。そして、これらの子供たちが大きくなるとまた日本に連れて行って特務の訓練を受け、しばらくしてからふたたびモンゴルの寺院に派遣して、僧侶に変身させる。日本の悪魔どもの方法は功を奏している。今、党は貴方に僧になってもらうが、それは日本のスパイどもをやっつけるためだ。（中略）

貴方はモルムジャムソ住職の弟子になる。彼は毛沢民同志の義兄弟で、医術に優れている。我が共産党の対少数民族政策を以て彼らの心を温め、モンゴル人も革命の道を歩むよう誘導しなさい。

「日本の悪魔どもが日本人児童をモンゴル草原」のモンゴル人の天幕に住まわせて、スパイとして訓練したかどうかは分からない。ただ、寺院と僧侶はモンゴル社会の重要な存在で、それを利用して統一戦線を拡大しようという狙いは、日本を参考にしていたと言えよう。共産党は抗日前線に行こうとしなかったものの、延安の横穴の中で、じっくりと日本軍の対モンゴル政策を研究していたのは、間違いない。

毛沢民は、毛沢東の弟で、八路軍の財政局の指導者で、共産党の金庫番だった。名医にして、シベル寺の住職だったモルムジャムソもその毛沢民の義兄弟であるので、当然、共産党から信頼されていた。かくして、劉璧は共産党の対オルドス工作委員会書記の趙通儒の案内で、延安から北上し、長城を越えてシベル寺にやってきたのである。

写真48　モンゴルに現れた中国人の行商人（1991年8月）

「小坊主」のアルタン・チンゲルこと劉璧は寺で読経せずに、托鉢僧に変身してウーシン旗領内を回り、そして遠くオルドス東部の包頭まで行き、日本軍の動静を探っていた。また、「貨郎子《ホランス》」という行商人（写真48）に化けることもあった。

「一九四五年春になると、少なくともウーシン旗西部から長城に沿って東の東勝までの道沿いに無数の中国人の商店があったが、すべて八路軍の諜報関係者の拠点だった」

と劉璧（写真49）は私に語る。彼は集めてきた情報をオルドスと隣接する定辺県まで届ける。そこには、于立修《うりつしゅう》という女性が待っていた。彼女は郭沫若の新しい夫人、于立群の妹だった。郭沫若は日本留学中に日本人女性と結婚し、子供をもうけていたが、日中戦争が勃発すると、家族を捨てて中国に帰り、新しい家庭を築いていたのである。

写真49　八路軍の諜報員だった頃の劉璧（前列右。写真提供：劉璧）

†中国内外の情勢変化

中国共産党は各地で投降した日本軍の武器を接収するなど戦果を横取りし、ソ連の手引きで東北の満洲に進出した。しかし、日中戦争終結後の翌一九四六年から四七年まで、国民党は全国的に戦況を有利に進めることが多かったし、内モンゴルも例外ではない。

日本が撤退した際に、満洲国と徳王のモンゴル自治邦という二つの国家をモンゴル人に残した。この二つの地域のモンゴル人たちはかつての「対日協力」の枠組みから飛躍して、モンゴル人民共和国との統一国家の樹立を目指したが、「ヤルタ協定」の密約により、それが不可能だと分かった。そこで、一部は国民党側に、別の一部は共産主義国家の建立を目標とした。同胞の国、モンゴル人民共和国が社会主義国家だったから、共産主義

写真50　前列左から奇玉山少将、国民党員の慕幼声、謝振祥、弓吾舫。後方の少年は左から奇玉山の長男チメグノルブーで、右はテグスアムーラン王の息子ユンルンノルブー（写真提供：Chaghalai）

に憧れていた。それでも、中国共産党を選ぼうというモンゴル人は少なかった。こうした国内外の情勢の中で、内モンゴルの東部と中央は国民党の中華民国にとって、「赤化地帯」と化したのに対し、オルドス高原は相変わらず、頼れる自陣だった。

「党中央はオルドスを高度に重視しているので、軍事だけでなく、政治思想上の統一も必要だ」

と国民党駐オルドスの高官、督導専員の慕幼声と弓吾舫がそのように奇玉山少将に指示を出した（写真50）。奇玉山はこの時、国民政府から「無魔勲章」を叙勲されたばかりだった（台湾国史館「国民政府文官処人事登記巻56323」）。彼は奇金山の部下たちに書簡を出し、中華民国政府に帰順するよう促した。まもなく、一九四七年三月十二日には八路軍に編入されていたテムール大隊長が配下のモンゴル軍騎兵一個大隊を連れて戻ってきた。時を同じくして、国民党第一戦区司令長官の胡宗南将軍は大軍を率いて陝甘寧辺区に攻撃をしかけ、三月十九日に延安を占領した。毛沢東は部下と共に陝西省北部の黄土高原を転戦し、八路軍の勢力を温存させた。その際、オルドスで活動していた共産党員たちは「親国民党的なモンゴル人」たちを長城の南側の中国人地帯に拉致して、処刑した。

中国共産党がオルドス南西部の罌粟畑から姿を消したのを見て、奇玉山少将は少し安心した。一九三五年十月に「アヘンを売り、義兄弟を締結する赤い中国人」が出現してから、ずっと動乱に陥っていたモンゴルがようやく平和な生活に戻れる、と彼は思った。

「草原の罌粟畑を全部つぶせ」

との命令を部下たちに出してから、奇玉山少将は一九四七年夏に家族と随員たちを連れて綏遠省省都フフホトを経由して、北平に向かった（写真51）。

奇玉山少将が北平に行く決意をしたのには、以下のような背景があった。

内モンゴルの青年たちは一九四七年一月一日に南京に結集し、「モンゴル青年同盟」を組織した。徳王の元秘書で、日本に留学し、後に著名なモンゴル学者となるジャチスチン（札奇斯欽）とオノグンゲ、ラシドンドプ（後にドイツのボン大学講師）とフフバートル（胡鳳山）、ウラー

写真51　北京で家族と随員たちと記念撮影をおこなう奇玉山少将。夫人リンハワーと長男チメグノルブーらも一緒にいる。左から３人目は長女エルデニチチク。

ンチャブ盟盟長の息子ホンノー、オルドスのジュンワン（郡王）旗のブレンバヤル（奇全禧）などが中心メンバーだった。多くのメンバーは日本留学生で親日的だったが、この時点では親アメリカ派と親ソ連派に分かれていたが、どちらも民族主義者だった。

「ソ連は諸民族の解放を標榜しているが、民族主義を敵視しているのを知らない親ソ連派は単純な人々だった」

とジャチスチンは後日に回顧している。

「いかなる外来勢力の支配も受けず、世界にモンゴル人民族の状況を示し、民族の自由を獲得する目標」を青年同盟は掲げていた（札奇斯欽『我所知道的徳王和当時的内蒙古　二』）。彼らは後日、アメリカの援助を得て、一九四九年夏から西のアラシャン沙漠で自決運動を進めることになる。奇玉山はジュンワン旗のブレンバヤル少将と親しかったので、南京での動向も気になっていた。

草原にはまたもう一つの大きなうねりが巻き起こっていた。

一九四七年五月一日に東部の王爺廟で内モンゴル自治政府が成立した。こちらは中国共産党の支持を後ろ盾にした雲沢（ウラーンフー）が内モンゴル人民革命党のメンバーたちを傘下に置いた自治政府で、ソ連型の自治共和国をモデルとしていた。雲沢自身がモスクワに留学していたので、ソ連の民族政策こそがモンゴル民族の解放に繋がると信じていた。

一方、本書の前半で取り上げたチャハルのムグデンボーが反共・反中国の立場を鮮明にしたことで、内モンゴルの中央部は共産党の八路軍を追い出そうと戦っていた。そして、草原の都、綏遠省の省都フフホトには中国人の傅作義が大軍を擁して駐屯していたが、彼はモンゴル人の自決運動を徹底的に弾圧する政策を推進していた。中央部のチャハルと東部内モンゴル自治政府を牽制するためにも、国民政府は西のオルドスを自らの陣営にとどめる必要があった。奇玉山少将はまさにこのような情勢の中で、フフホトへと向かったのである。

†あっけない挫折

綏遠省都では国民政府軍の董其武《とうきぶ》将軍、北平では傅作義将軍に会った。北平ではモンゴル青年同盟のメンバーたちが活動していた。東京の進駐軍司令官マッカーサー元帥の顧問オーウェン・ラティモアをはじめ、アメリカ軍の諜報員ベシャック・フランク(Bessac. Frank)とリチャードソン、それにオルドスのブレンバヤル(奇全禧)少将らが蟄居中の徳王の身辺に集まり、民族自決について話し合っていた。

全国における国共内戦の行方は不透明だ、と判断した奇玉山は冬にオルドスに帰った。途中、綏遠省からモンゴル軍に支給された弾薬五万発をもらい、ウーシン旗に運び帰った。

一九四七年のウーシン旗は稀にみる旱魃に襲われ、家畜も多数、餓死した、と奇玉山は部下たちから聞かされた。それでも、ウーシン旗のモンゴル軍は何回か長城を南へと越えて、共産党八路軍に包囲された国民政府軍を窮境から救った。

旱魃の年は草が育たないので、冬になる前から家畜がばたばたと死んでいった。まるで自然環境の悪化に合わせるかのように、一九四七年冬から翌年の春にかけて、政治情勢は次第に国民党政権に不利になってきた。共産党が満洲と内モンゴル東部で、少しずつ失地回復を実現してきたからだ。中華民国はまた、モンゴル人民共和国とも内モンゴルの西部アラシャンと新疆省で国境地帯の領土の帰属をめぐって武力衝突を繰り返していた。ソ連は中立を装いながらも、中国共産党とモンゴル人民共和国を支えた。国民党はアメリカと結びついている、と判断していたからである。こうした時勢の中で、オルドスの存在意義はふたたび高まってきたので、帰ってきたばかりの奇玉山少将はまたもや北平に呼ばれた。今度は、国民党駐北平行轅主任の李宗仁の招待である。李宗仁は翌一九四九年に蔣介石に代わって中華民国の総統に就任する。

「北平に鎮座してオルドスなど西モンゴルの軍隊を指揮せよ」

と奇玉山は国民政府からそう要請された。むちゃなことだ、と内心分かっていながらも、奇玉山少将は素直に従った。というのは、モンゴル人たちも国民政府軍の不利を見て、新しい自決運動を以前よりも積極的に北平で進めていたからだ。モンゴル青年同盟のメンバーたちは頻繁にアメリカ側と接触し、具体的な自決のビジョンを示した「建国大綱」を九月に仕上げた。北はシベリアのバイカル湖から南は万里の長城に至り、東は満洲から、西は新疆と青海省にいたる地域をモンゴル人の版図とする、建国案である。ウランバートルを首都とし、満洲南端のコロ（葫蘆）島を海港にして、多国間貿易を進めて繁栄を確保する、という夢を描いた。ちなみに、コロ島は第二次世界大戦終了後に、満洲残留の日本人が本土に引き上げる際の港でもあった。北平こと北京の夏はその暑さで人々を苛立たせるが、一九四八年夏に北平に滞在していたモンゴル人たちは壮大な建国ビジョンを思い描いて、熱い日々を送っていた。奇玉山もモンゴル青年同盟の活動に賛同したが、中華民国少将司令官であるという身分を鑑みて、彼は公の場で立場を表明するのを避けた。

大モンゴル国の建国大綱の夢と、綏遠とオルドスを死守せよという国民政府の命令、この二つの指令を胸に、奇玉山少将とブレンバヤル（奇全禧）少将は九月二十六日に北平を離れて草原に向かった。陝西省北部を拠点とする八路軍はすでに完全に復活し、オルドス南部を占領しつつある時期だった。家族と衛兵のボロフー、バントーを伴って北上する列車に乗り込み、長城を通って草原に入った。ボロフーはウーシン旗東部ウラーントロガイの人で、バントーは西部のシャルリクの貴族である（写真52）。ちなみに、バントーの娘の一人が、私の従兄に嫁いでいるので、彼も私の「義父」にあたる。

写真 52　奇玉山少将の衛兵バントー（左）

ところが、内モンゴル南部の集寧駅に着くと、鉄道のレールが八路軍に破壊されていたので、列車は止まった。二十七日の夜、暴風雨の中、奇玉山少将は八路軍の捕虜となった。ブレンバヤル（奇全禧）は運よく、一足先に脱出していたので、捕虜にはならなかった。

中華民国側に立つ、最も有名なモンゴル人少将である奇玉山を捕虜にした戦果で、共産党は大いに喜んだ。奇玉山は最初、中華民国のただ一人のモンゴル人少将だったが、この時期になると、ジュンワン旗のブレンバヤルなど、少壮軍人は少し増えていた。それでも、最も有名かつ大軍を擁しているのは、やはり奇玉山だった。中国共産党は当初、いかにして奇玉山が指揮する西モンゴル騎兵師団（保安師団を含む）と戦うかで苦慮したが、ここに来て列車内の乗客の中からその司令官を捕虜したことは、まさに望外の喜びであった。八路軍は林彪将軍に報告し、さらに党中央へも打電した。

「直ちに山西省朔県へ護送せよ」

との指令が西柏坡から届いた。すでに共産党中央は割拠地の延安を離れて山西省平山県の西柏坡に移転していたので、朔県も八路軍の支配下にあった。かくして、共産党の延安政権や国民党中央政府と渡り合ってきた奇玉山少将はあっけなく八路軍の捕虜となったのである。あまりにも彼の身分に相応しくない虜囚への転落について、私はかつて奇玉山の衛兵だったバントーに尋ねたことがある。

「時勢《チャギン・ジュー》だ」、「天運が尽きた」

と言うだけでバントーは毎回、黙して多くを語ろうとしなかった。

否定された貴族の尊厳

中国共産党は一度、奇玉山を一九四八年十一月十二日にオルドスに戻した。しかし、それはウーシン旗ではなく、東部のジュンガル旗の政府所在地、シャグジャムニに帰してみただけである（地図2）。シャグジャムニとは、釈迦牟尼《しゃかむに》のモンゴル語の音便である。オルドス高原では当時、西のウーシン旗と東部のジュンガル旗が最も強力な軍隊を擁していた。共産党も当時は先に東部のジュンガル旗を占領して、一気に黄河を渡って綏遠省まで軍隊を進める作戦計画を立てていた。その作戦計画の実行に奇玉山が必要だった。

「オルドスの七つの旗の王や軍人たちに手紙を書き、投降を勧めるように」

と脅迫された奇玉山は仕方なく、モンゴル語で書簡をしたためた。共産党の軍人たちは満足げに奇玉山少将からの手紙を各旗に回し、「平和解放」を掌中にした。

奇玉山の説得もあって、オルドス高原をほぼ無傷で手に入れた後、中国共産党はふたたび彼を陝西省北部の府谷県に護送した。厳冬の十二月、奇玉山とリンハワー夫人、それに幼い子ども三人は牛車に乗せられてジュンガル旗から黄河に沿って南の府谷県へと向かった。

「牛車に乗れ、と命じられたとき、殿《ノヤン》の夫人リンハワーは静かに涙を流した」

とモンゴル人たちは記憶している。馬ではなく、牛車に乗せたのは、モンゴル人の貴族を侮辱するやり方である。モンゴル社会では年配の女性が草原で燃料になる牛糞や薪を拾う際か、遺体を野辺送りする時にだけ牛車が使われる。青年軍人とその若き夫人、それも貴族一家を牛車に乗せたのは、中国共産党がもはやモンゴル人を必要としなくなったことの表れである。必要がなくなっただけでなく、共産主義思想をもって、モンゴル社会を解体しようと動き出したのである。モンゴル社会を解体するのにはまず、貴族を侮辱し、貴族を打倒することから着手しなければならない。媚びるような笑顔を湛えて、どっさりとアヘンを両手に持ってやってきて、義兄弟関係を結ぼうと懇願していた過去とは、天と地の差である。確かに、時勢は変わったのである。中国人は今や、征服者に変わったのである。

オルドス草原から万里の長城を越えて南の黄土高原に入ると、景色は一変する（写真53）。草はまったくなく、岩肌が露出した大地が広がり、まるで切り裂かれた動物の腹腔が血を流し続けているような景色が眼前に横たわる。豊かなモンゴル草原と極貧の中国。この二つの世界を長城をもって線引きした古代シナの先人の知恵は驚嘆すべきものである。

写真53　オルドスから中国内地に入って行く時に通過する長城口

「牛車の木製車輪がゆっくりと回って砂利だらけの山道を行く。雪交じりの北西風が吹きすさぶ中で、殿の夫人はずっと泣いていた」

とは、ウーシン旗の若き少将を見届けたジュンガル旗のモンゴル人の目に焼き付いたシーンである。

翌一九四九年春、奇玉山一家はさらに府谷県から南の延安に連行された。毛沢東は党中央機関を伴って河北省に移動し、延安では中共中央西北局書記の習仲勲が待っていた。習仲勲は、現中国共産党総書記習近平の父親であり、当時は奇玉山の兄、テグスアムーラン王の義兄弟でもあった。習仲勲の他にも以前に義兄弟の関係を結んだ陝西省北部の共産党の高官たちもいたが、誰も、神前で香を焚き互いの血を飲み合った旧情を温めようとしなかった。

「おとなしく罪を白状しなさい」

と往昔の義兄弟たちは冷酷な表情で奇玉山少将を怒鳴り、誰も笑おうとしなかった。中共中央西北局は彼に毛沢東の著作『連合政府論』などを読むよう命じた。

「人生は朝露のようなものだ。やがて、私は消えるだろう」

写真54　奇玉山の兄タルビジャルサン（写真提供：Chaghalai）

写真55　フフホトの奮闘中学で学んでいた頃の、テグスアムーラン王の息子ユンルンノルブー。（写真提供：Chaghalai）

と奇玉山は嘆き、積極的に共産党の思想を学ぼうとはしなかった。

あだになる人気

奇玉山少将が集寧で捕虜とされて以降、ウーシン旗のモンゴル軍はその兄の奇正山（タルビジャルサン。写真54）の指揮下に入った。殿《ノヤン》不在でも、民族自決の闘争方針に変わりはない、と全軍で意思統一が確認された。そして、無意味な流血は避けよう、とモンゴル軍は一九四九年三月十九日に中国共産党に帰順した。帰順の条件は三つあった。

第一、モンゴル軍は武装解除せずに、武器を携行し続ける。

第二、殿の奇玉山少将を直ちに延安からオルドスに帰還させる。

第三、モンゴル草原へ中国人は移民しない。

共産党はどれも受け入れたが、実行に移そうとしなかった。そして、二十五日に中国共産党ウーシン旗臨時自治委員会が成立した。

五月のある日。

奇玉山の兄で、亡きテグスアムーラン王の息子、ユンルンノルブー（奇世英。写真55）がその母親と共にウーシン旗東部の名刹、ウーシンジョー寺へ仮面劇を見に行った。仮面劇は、僧侶たちが演じる仏教の勧善懲悪の物語で、モンゴル草原で人気の高い娯楽の一つである。共産党のウーシン旗工作委員会の李新民書記も監視係として行動を共にした。ウーシンジョー寺に着いてみると、千人以上もの僧たちが十六歳のユンルンノルブー王子の前に整然と立ち並んで、歓迎した。誰も中国人の李新民書記を歓迎しようとしなかったどころか、一日も早く奇玉山司令官を故郷に帰すよう怒りの声を上げた。冷遇された李新民書記は王子を置いて一足先にダブチャクの王府に帰り、楡林に密告の電報を打った。

「ウーシン旗のモンゴル人の反革命勢力が気炎を上げている」との内容だった。

七月十三日は聖地オボーを祭る日である。

モンゴル人たちは正装し、競馬と弓射、それに相撲という伝統的な三項目のスポーツに興じる。李新民と白漢臣《はくはんしん》ら中国共産党員たちは征服者らしく、横柄な態度で貴賓席を独占した。

「モンゴル草原に移民しない」と約束を交わしたにもかかわらず、彼らは全員、陝西省北部から家族を連れて王府のあるダブチャクに移り住んでいた。ダブチャクはウーシン旗で最も美しい草原で、至るところに湧き水や小河のある、豊かな地である。共産党員の家族だけでなく、やがては李一族や、白一族といった同じ苗字の農民も数百人単位で移住してきた。「中国人は一人が先に入植するが、その後ろには何百人も続く」というモンゴル人の格言が的中しつつあった時期である。

共産党ウーシン旗臨時自治委員会ができても、奇玉山を東協理タイジとする旗政府はまだ、廃止されていなかった。そこで、政府役人たちは公文書を作成して、奇玉山司令官の帰還と、移民の中止を李新民書記に申し入れた。

旗政府役人たちの抑制のきいた正式な行動とは別に、聖地祭に来ていたモンゴル人たちは中国共産党員らを取り囲んで、抗議した（何知文「奇玉山的一生」）。

「殿《ノヤン》が延安で殺害されたという噂があるが、本当か」

「モンゴル人の殿《ノヤン》を中国の延安に抑留するのは、道理にかなわないのではないか」

「共産党の自治とは、中国人が権力を握ることではないか」

「徳王様の自治こそ、本当の自治だ」

モンゴル人たちはこのように話して抗弁し、殿の奇玉山を守ろうとしたが、逆効果だった。奇玉山は人気が高いからこそ、彼を政情不安定なモンゴルに帰す訳にはいかなかったのである。

†侮辱の「蒙漢支隊」と徳王への憧憬

一般の牧畜民だけでなく、モンゴル軍の兵士たちにはもっと大きな不満がたまっていた。この時、司令官不在のウーシン旗のモンゴル軍は改編されて、イヘジョー盟軍分区「蒙漢支隊」第二支隊に吸収されていた。軍分区司令官は高平（一九一六～八五）で、政治委員は高増培で、どちらも中国人である。

モンゴル人は何よりもこの「蒙漢」という政治的な名称が大嫌いで、絶対に受け入れられない、と抵抗していた。漢《シナ》は民族の不倶戴天の敵で、モンゴル人の武力闘争もすべて漢からの独立のためであった。十九世紀末から無数の戦友を失い、鮮血を流してきたのも、漢から離れて、民族自決を勝ち取るためだった。それが、ここに来て「蒙漢」連合軍に入るとは、とうてい納得できなかった。しかも、以前は「西モンゴル騎兵師団」という堂々たる正式名を使用していたのに、「支隊」に格下げされるのも問題視された。中国共産党が極力、少数民族の軍隊の階級を実態以上に格下げして扱うのは、以前からの伝統だった。

モンゴル軍に与えられた新しい、格下げの蒙漢支隊は以下のような構成だった。

イヘジョー盟「蒙漢支隊」第二支隊長
――バトチョロー（趙玉山）

写真56　中国共産党の軍人だった著者の父親

副支隊長――エルデニチョクト（別名バーワー。銭玉宝）
政治委員――サクサ（石玉山）
参謀長――賀永禄（トブシンジャラガル）
第一大隊長――大《イヘ》バートル
第二大隊長――小《ショー》バートル

この時、私の父は副支隊長エルデニチョクトの衛兵になっていた（写真56）。

賀永禄は日本の陸軍士官学校を出た秀才で、歌の上手い人で、二人の夫人を迎えていた。第一夫人の名はサインニンブーといい、第二夫人はハルジャンである。ハルジャンはテグスアムーラン王の娘で、奇玉山の姪にあたる。大バートルはウーシン旗東部ウラーンノールの出身で、背が高く、おとなしい性格だった。小《ショー》バートルの家はウラーントロガイにあり、その父親は一九二五年に成立した内モンゴル人民革命党の党員だった。

オルドスのモンゴル人が徳王の自決運動に憧れている、という事態を中国共産党は深刻に受け止めた。徳王はその前の一九四九年四月にオルドスの西、アラシャン沙漠の定遠営に到着していた。徳王の動向を聞き知った内モンゴルの各盟各旗は代表を派遣しただけでなく、シリーンゴル盟や満洲にいたモンゴル軍も千里の強行軍を決行してアラシャンに結集した。モンゴル人は沙漠の中から民族の再起をかけて、最後の戦いを始めようと準備していたのである。徳王の身辺にはまた、アメリカの情報関係者らも多数いた（揚海英『最後の馬賊――「帝国」の将軍・李守信』）。

「徳王に対する迷信に近い信仰を打破し、奇玉山が中国共産党に殺害されたという噂を打ち消すために、彼の帰還を許そう」

という趣旨の手紙を共産党ウーシン旗工作委員会は書いて、党中央西北局に提出した。

八月十日、アラシャン沙漠の定遠営で、徳王はモンゴル自治政府の成立を宣言し、高度の自治を求めるとの政治姿勢を中国に向けて発信した。同じ日に、黄河を挟んで、オルドスのウーシン旗では「中国共産党ウーシン旗人民政府」が設置された。この時、徳王のモンゴル軍の一部はオルドス北西部に駐屯していたので、動静はおのずとウーシン旗にも伝わってきていた。そこへ、奇玉山少将司令官が八月十三日にダブチャクの王府に帰ってきた。

†延安からの帰還

実際に奇玉山の延安からの帰還を目撃した人物、中国共産党ウーシン旗工作委員会の白進宝は以下のような記録を残している（白進宝『烏審風雲――烏審旗922事件』）。中国人の彼は語る。

当時、王府の玄関にはまだ国民党の徽章が飾られていたし、門前にはチンギス・ハーンの軍神スゥルデが立てられていた。毎朝、王子ユンルンノルブーと妃たちは軍神に香を捧げ、ラッパの演奏をおこなっていた。そして、「殿奇玉山司令官の安全帰還」を祈っていた。

中国人の共産党員たちはそうしたモンゴル人たちの「迷信に近い行動」を厳しく監視し、逐一、上級機関に報告していた。八月十日になると、ウーシン旗各区の区長たちも王府に集まってきた。実は、モンゴル人たちはすでに代表を延安に派遣して、共産党西北局に陳情していたので、動静については把握していた。

十三日の午前十時に、ダブチャク王府の南西五キロのところにあった別邸から使者が走ってきた。

「殿が延安から帰って、現在別邸で休んでおり、夕方に王府に着く」

という。別邸とは、実は夏の王府である。モンゴルの王も一般の遊牧民と同じように、春夏秋冬の季節の移り変わりに従って、移動していた。ウーシン旗の夏の王府は風光明媚な、小さな湖の畔にあった。

この知らせに接した時の王府はまるで祭りの日になったように歓喜に包まれた。中国人の証言は続く。


王府の庶民《アルバト》と貴族、僧侶と役人など、皆、儀礼用の服装に着替えて、チンギス・ハーンの軍神スゥルデの前に並んで待っているではないか。夕方に着くというのに、彼らは午前中から待っている。

夕方、奇玉山と夫人のリンハワーが二人の娘と息子、それにナソンオチルというメイリン（梅林＝清朝時代からの役人）が王府に帰ってきた。僧たちがラッパを演奏し、十数名のモンゴル人児童は儀礼用の絹を両手に持って、「司令官殿、お帰りなさい」と大声で挨拶した。

写真57　オルドス・モンゴルが古くから祭ってきた軍神スゥルデ。軍神には人間を生贄として捧げていた。

奇玉山の馬の前には赤い絨毯が敷かれ、一人の庶民身分の従者がそこで跪いていた。モンゴルの伝統では、貴族の奇玉山はその従者の背中を鐙の代わりに踏んで、下馬することになっていた。しかし、そのような歓迎式を見た奇玉山は絨毯に到達する前にすばやく馬から降りて、庶民の背中を避けた。彼も延安で共産主義の思想教育を受けて、封建的な制度を打破しようと生まれ変わったのか、と思った。

奇玉山は軍神スゥルデ（写真57）に向かって礼をしただけで、王府に入った。本来ならば、さらに仏壇の前で焼香しなければならなかったが、それも省略された。

「貴族の彼も進歩したもんだ」

中国人共産党員たちはそう理解した。

三日後の十六日の午前中に、奇玉山は中国共産党ウーシン旗人民政府の本部を訪れて、挨拶した。まだ、旧政府が廃止されていなかったので、実質上は二つの政権が併存していたのである。

†焚書と決起

中国共産党は王府内に保管されてあった公文書類をトラックで運び出して、ダブチャク王府の西にある沙漠内で燃やした。清朝時代からおよそ三百年間にわたって蓄積されてきたモンゴル語と満洲語、それに漢文からなる公文書はかくして煙と化してしまった。王府の役人と僧たちは公文書を燃やそうとする中国人を説得しようとしたが、完全に無視された。

オルドスに進駐した中国共産党員は隣の陝西省北部の人が多かった。彼らは清朝末期からモ

写真58　衛兵と家族に囲まれた奇玉山少将。左からマシジャラガル、奇玉山、長男チメグノルブー、その後ろデムチョク、夫人リンハワー（写真提供：Chaghalai）

ンゴルに入植し、草原を土地として租借していた。そうした土地契約の公文書もまた王府に大量に眠っていたのである。中国人たちは土地租借の公文書を燃やすことで、モンゴル草原での植民の利権を確保しようとしたのである。モンゴル人が租借文書を根拠に中国人の入植を無効だと主張しても、根拠がないようにするための焚書であった。このように、中国共産党が唱える「モンゴル解放」とは、草原を占拠して中国人に引き渡すことを意味していたのである。これは決してオルドスだけの話ではなく、内モンゴル全体に共通する歴史である。延安から帰ってきたばかりの奇玉山はそうした焚書を静かに眺めていた（写真58）。

一カ月後の九月十九日に、蒙漢支隊に編入されていたモンゴル軍の兵士たち約四百人が前線から帰ってきた。前線とは、モンゴル軍を先頭に立たせて、山西省と陝西省北東部の国民政府軍と対峙していた戦場を指す。この時の様子をモンゴル人で、国民党員のチャガンドンは以下のように回顧している（ハタギン・チャガンドン「私の知っている奇玉山の主要事績」モンゴル文）。

モンゴル軍が王府に帰還するなり、ダルジャイバワーとバヤルマンナイの二人を代表にして奇玉山司令官に挨拶した。そして、全員が整列し、「司令官殿、私たちは帰りました」、と敬礼した。自分は兵士たちに忘れられていなかった、と奇玉山は感無量になった。あの風景はまるで母牛が、長く隔離されていた子牛との再会を果たしたかのようだった。互いに苦難と辛酸を嘗め尽くし、もう二度と別れない、と誓い合った。

司令官は次のように兵士たちに挨拶した。

国民党軍はまだ敗れたとは言い難いし、共産党の将来も不明だ。我がモンゴルは悠久の歴史を持つ、誇り高い民族である。アメリカは今、我々モンゴルに援助の手を差し伸べようとしているので、民族の自決は必ずや実現する。

「アメリカは今、我々モンゴルに援助の手を差し伸べようとしている」

との言葉は、明らかに以前に北平で目撃した情景である。徳王の自決運動に対するアメリカ政府の支援を指している。そして、この時期、徳王はすでにオルドスの隣のアラシャン沙漠でモンゴル自治政府を創設していた事実とも連動している。

兵士たちは蒙漢支隊に編入され、共産党員による洗脳教育にうんざりしていたので、奇玉山司令官との再会を素直に喜んだ。

「山西省と陝西省でいつも、モンゴル人部隊を最も危険な前線に立たせていた。中国共産党は俺たちを人間として見ていない」

とモンゴル軍は九月二十二日の深夜に行動を起こした。彼らは蒙漢支隊の支隊長バトチョロー（趙玉山）と政治委員のサクサ（石玉山）の二人を「裏切者」として処刑し、中国人幹部百人余りを追放した。全員が成立したばかりの「ウーシン旗人民政府」の共産党員たちとその家族である。モンゴル軍は一九四三年四月に国民党将校たちを四十人処刑したのと同じ措置を取ろうとしたモンゴル人からすると、勝手に自分たちの故郷に闖入してきて、「人民政府」を設

写真59　天安門の城楼の上から中華人民共和国の成立を宣言する毛沢東

置し、長城の南から移民をおこなうのはとうてい受け入れられないことだったからである。だが、奇玉山に止められた。

「俺たちは中国人の支配を絶対に受け入れない。司令官殿と共に西のアラシャンに行き、徳王様と合流しよう」

とモンゴル軍は徳王のモンゴル自治政府こそが、モンゴル人の政府だと主張する。奇玉山はダランタイという部下をアラシャン沙漠に派遣し、徳王の自治政府に合流する意向を伝えた。しかし、時勢はモンゴル軍と奇玉山に味方しなかった。ウーシン旗のモンゴル軍が中国人を追放する三日前、一九四九年九月十九日に綏遠省省都のフフホトに駐屯する国民政府軍は董其武将軍の命令に従い、中国共産党に投降したのである。

十日後の十月一日に毛沢東は天安門の城楼に上り、中華人民共和国の成立を宣言した（写真59）。建国の式典には、かつて延安とオルドスで血を飲み合ったモンゴル人義兄弟《アンダ》は誰一人、招待されなかった。

第八章　エーデルワイスに散る――モンゴルを滅ぼした大量虐殺

†二つの自治政府

「奇玉山を殺さない限り、人心が得られない」

と中国人民解放軍イヘジョー盟（オルドス）軍分区の司令官高平と政治委員の高増培（写真60）の二人は、一九四九年秋から公然と話すようになった。中華人民共和国が成立して二カ月ほど経ってから、共産党はじっくりとモンゴル人に対する復讐策を練りだした。中国人たちは去る九月にモンゴル軍が取った行動をその日にちにちなんで「九・二二反乱」と呼び、背後には奇玉山がいる、と判断した。モンゴル社会における奇玉山の絶大な人気に気づいた中国人は、自らが征服者としての地位を確立するのには、被征服者の指導者を殺害する以外に方法がないと考えるようになったのである。それまでは、モンゴルを占領するために義兄弟の契りを結んだり、アヘンを贈ったりしていた事実は、とっくに忘却の彼方に追いやられたのである。

しかし、あからさまに奇玉山を逮捕すると、モンゴル人の気持ちを刺激するので、彼らは謀略を駆使した。革命に陰謀はつきものであるとはいえ、中国人は新しい国家を作った後も、そうした陰険な手法をモンゴル人に対して使い続けたのである。

「自治政府の主席、ウラーンフーが貴殿を呼んでいる」

写真60　中国人民解放軍の政治委員を務めていた高増培（写真提供：Oghonos）

中国共産党は代表をオルドスのウーシン旗に派遣してきて、そう話した。そして、直ちにフフホト市に行くよう求めた。

奇玉山も中国政府に帰順する気はなく、配下のモンゴル軍を率いて西へと黄河を渡って、徳王が活動しているアラシャン沙漠に移動する準備をしていた。徳王はすでにモンゴル自治政府を創設し、毛沢東にも書簡を送って、民族自決の意志を伝えていた。

一方、雲沢も名前をウラーンフーに変えて、満洲からシリーンゴルに至るまでの広大な地域、内モンゴルの約半分を占領して内モンゴル自治政府を運営していた。二つの自治政府が併存していた中で、奇玉山は徳王の政府こそが真のモンゴル人の政府だと認識していた。ウラーンフーの自治政府は共産主義思想を信奉していたことと、その政府内に多数の中国人がいるのに我慢ならなかったのである。ただ、肝心の徳王政府もすでに風前の灯火のような苦境に追い込まれ、一九四九年十二月二十九日にはついにモンゴル人民共和国に亡命せざるを得なくなるのを、奇玉山はまだ知らない。

写真61　名刹ウーシンジョー寺に残る奇玉山少将の旧居

†「后の河」の畔で

徳王が同胞の国、モンゴル人民共和国へ越境する少し前、一九四九年十一月末に奇玉山は八十数名ものモンゴル兵に守られて、ウーシン旗を立って、東の包頭へと出発した。途中、奇玉山はウーシンジョー寺に立ち寄った。七歳の時に出家し、五年間も修行した名刹で、専用の住居もある（写真61）。師匠のザンボードンロプに丁寧に挨拶をしてから、さらに東へと淡黄色の駿馬を走らせた。師匠のザンボードンロプは僧たちを招集し、旅の無事を祈るお経を唱えた。

「司令官殿《スーリン・ノヤン》の髪の毛を切って差し上げましょう」

とモンゴル兵は黄河の畔に着いた時にそう話した。奇玉山は長身の美男子で、きれい好きだったのを部下たちも知っていた。これからは中国共産党の虜囚になるかもしれないので、せめて髪の毛くらい整えてあげたかった。これは同時に、永別を示唆する儀礼でもあった。しかし、迎えに来た共産党の中国人幹部はその儀式を許さなかった。

モンゴル兵たちと泣き別れた後、奇玉山は船で黄河を渡った。チンギス・ハーンの直系子孫たちは黄河の畔に立つと、特別の儀式をおこなわなければならない。十三世紀に偉大な祖先が西夏《タングート》王国を征服した後に、滅亡した国の王妃と一夜を共にした。王妃は秘部にハサミを隠し、世界の征服者の生殖器を傷つけてから逃げ出して、黄河に身投げした。チンギス・ハーンはその傷が原因で他界し、モンゴル人はそれ以降、黄河を「后の河《ハトン・ゴル》」と称するようになる。

民族の開祖にとってはあまり名誉のある最期ではないが、モンゴル人はその伝説を隠そうとしない。この話は、オルドスの著名な年代記作家で、それもまたチンギス・ハーンの直系子孫であるサガン・セチェン・ホン・タイジが一六六二年に書いた『蒙古源流』内にもある（楊海英『蒙古源流——内モンゴル自治区オルドス市档案館所蔵の二種類の写本』）。奇玉山はまさにサガン・セチェン・ホン・タイジの子孫でもある。

奇玉山は伝統に従い、酒と干し肉からなる供物を燃やして「后の河」に供し、香を焚いてから船に乗り込んだ。河の上では決してチンギス・ハーンの名を口にしてはいけない。神となった西夏の王妃が暴れるからである。

内モンゴル自治政府主席ウラーンフーは奇玉山に質素な食事を出して、話し合った。ウラーンフーの周りには大勢の陝西省北部出身の中国人幹部たちがおり、彼らはほぼ例外なくオルドスのモンゴル人貴族や軍人たちの義兄弟である。しかし、誰一人として、義兄弟の奇玉山を見舞う者はいなかった。義兄弟《アンダ》などという封建的な迷信を偉大な中国共産党員が信じるわけがない、という顔をしていた。義兄弟の義理人情を本気で信じたモンゴル人は未熟で、立ち遅れた民族だ、と発言する中国人もいた。義兄弟締結もアヘンの贈与も、すべては政権獲得のための手段に過ぎなかったのである。

「張家口に行って、政治学習をしましょう」

とウラーンフーは奇玉山に伝えた。奇玉山が従者のウリジーバトを連れて、列車で張家口に入ったのは一九五〇年春のことである。途中、集寧を通過した。彼はこの集寧で二年前に捕虜となったのである。それ以降、モンゴルのために何もできなかったのが悔やまれた。

†成人男子の全員結集

殿《ノヤン》奇玉山が無事に「后の河」を東へと渡っていった姿を見届けてからモンゴル兵は馬銜《はみ》を引いて、西へと疾走した。モンゴル兵と、彼らが敬愛する民族自決の指導者との永別である。

黄河の西にはクジュークチ沙漠の峰々、東にはムナン(陰山)山脈が横たわっている。太祖チンギス・ハーンも目にした景色である。東の黄河河畔から西のウーシン旗まで、約六百五十キロの高原の道をモンゴル兵はひたすら走りぬいた。彼らはすでに心の中で決めていた。決起するしかない、と誰もがそう静かに誓っていた。

奇玉山が中国共産党内モンゴル自治政府のウラーンフー主席に呼ばれてフフホト市に行ってから、誰かに召集されることもなかったにもかかわらず、モンゴル軍の兵士たちが方々からダブチャク王府に馳せ参じてきた。参謀長賀永禄と二人の大隊長、大バートルと小バートルが率いていたモンゴル騎兵師団の兵士は約七百人で、タルビジャルサン(奇正山)を保安司令官とする保安大隊の兵士は三百人いた。そして、なんと退役軍人たちと、隣接するオトク旗のモンゴル兵も加わってきて、総数二千三百人以上に達した。この時のオルドス高原ウーシン旗のモンゴル人の人口は約八千七百人だったので、単純計算すると、成人男子はほぼ全員、結集したことになる。

モンゴルは武を尊ぶ民族である。

彼らは十九世紀末からずっと中国人の侵略に抵抗しつづけたが、抵抗運動は常に国際情勢の変化に応じて紆余曲折していた。ロシアが強ければ、ロシア人と組む。日本軍が現れると、日本人と協力し合うのも厭わなかった。ロシア人が共産主義のソヴィエトを建立すると、モンゴル人の一部もまた社会主義制度に憧れるようになった。どんな主義であろうと、いかなる外来勢力だろうと、中国からの独立に役立つならば、モンゴル人は彼らを選択した。しかし、ロシアや日本といった外来の勢力も消えると、モンゴル人自身が蜂起するしか道はなかった。

相手の中華人民共和国も成立したばかりで勢いに乗っているのも、モンゴル人はちゃんと分かっていた。モンゴル人は小さい時から年代記を熟読し、歴史の変遷と時勢の流れには哲学者のように明るかった。立ち上がれば、敗れる。しかし、中国人の中華人民共和国の奴隷になるよりも、草原の土にかえったほうがいい、と男たちは思うようになっていた。後日、中国政府はオルドスの「反乱」を平定してから綿密な調査を実施した。「反革命反乱の思想的土壌」を掘り起こそうとしたが、「成果」は何もなかったという。「思想的土壌」を発見できなかったのは、中国人がこの遊牧民の精神的風土をまったく理解していなかったからである。

「中国人の奴隷にはならない」。このような精神的な、古の匈奴の時代から培われてきた遊牧文明の風土の中で育った男たちは、家で家族との最後のお茶を飲み干してから、静かに馬に乗って王府にやってきたのである。そして、女たちもまた、夫と息子を止めなかったのである（写真62）。

写真62　中華人民共和国が成立する前後のオルドス・モンゴル人

†歴史の反転構図と人口削減

「一網打尽にしよう」と中国政府はあたかもモンゴル人の「反乱」を待っていたかのように迅速に対応した。繰り返しになるが、人口わずか八千七百人のオルドス高原ウーシン旗において、その成人男子のほぼ全員が集まった状況を中国政府は重く見た。一九五〇年二月十日、内モンゴル自治区政府の騎兵第五師団は「反乱平定の任務」を帯びて、黄河を西へと渡ってオルドス高原に入った。

騎兵第五師団は満洲国軍のモンゴル人部隊に淵源し、第十三と第十四の二個連隊からなる。十三と十四連隊は、五個の騎兵師団の中では、精鋭中の精鋭であり、一九五九年には「世界の屋根」チベットに派遣され、ダライ・ラマ法王の蜂起を鎮圧している（楊海英『チベットに舞う日本刀』）。

私の父は第十四連隊の本部隊付き秘書になっていた。父によると、騎兵第五師団は小隊長以上の幹部がほぼ全員、「日本刀を吊るした奴ら」だった。既述のように、「日本刀を吊るした奴ら」とは、満洲国のモンゴル人将兵に対する中国共産党による蔑称である。日本風の近代的な軍事訓練を受けた「日本刀を吊るした奴ら」は皆優雅にして上品な行動を取る。一方、中国共産党の軍人たちはだいたい字も読めないので、作戦命令すら書けなかった。読み書きができなくても、中国人は騎兵第五師団の政治委員のポストを独占していた。中国共産党は政治委員を派遣して洗脳することで、満洲国のモンゴル人部隊を掌握したのである。

「日本刀を吊るした奴ら」は過酷な洗脳教育を経て、中国人政治委員によって管理される人民解放軍に生まれ変わる。それが、騎兵第五師団である。日本軍の協力者、いや「日本軍の手先や走狗」だった満洲国のモンゴル人が今度は中国人民解放軍に変身して、同胞のモンゴル人の「対中国反乱」を鎮圧する、という構図である。しかも、この「反乱」者のモンゴル人たちはかつて、抗日の陣営にいたし、その名称も「西モンゴル抗日遊撃師団」だった。「日本帝国主義の走狗たるモンゴル人」が、抗日の軍隊を形成していたモンゴル人を「反革命分子」として殺害する、という構図である。歴史の皮肉はまさにここにある。獰猛な人民解放軍騎兵第五師団を率いていたのは中国人の呉広義司令官である。

「モンゴルを支配するためには、人口削減（間引き）が必要だ」

と呉広義司令官らは公言して憚らなかった。彼はオルドス高原の中央部の東勝という町に着いてから、中国人部隊の高平司令官の解放軍と合流し、さらに陝西省北部の楡林の軍隊とも協同した。騎兵第十三連隊は東勝から南西へとトンガラク河の上流を経由し、第十四連隊は西の「斜めの街道沿いの蒙政会」を通って、南北二つの方向からウーシン旗を包囲するように軍を進めた。これは、きわめて伝統的なモンゴル軍の作戦方法である。司令官と政治委員が中国人であっても、実際の作戦計画はすべてモンゴル人の「日本刀を吊るした奴ら」が作っていたので、伝統から離脱できない。

†近代と前近代の対峙

四月一日の朝、二つの連隊はウーシン旗東部のスゥルデ・マンハという高い沙丘に近づいた。スゥルデ・マンハとは、モンゴル語で「軍神のある沙漠」との意である。沙漠の東にはタマガライ平野が南北に広がる。タマガライとは、「印璽のある場」との意で、かつて王府が一時、置かれていた地である。この「軍神のある沙漠」の上にはウーシン旗の王の墓があり、そこを西へ過ぎれば、ダブチャク王府までスムーズに攻撃できる。

「大洋馬《ダーヤンマー》」という戦馬に跨り、日本刀を吊るし、良質な生地で縫製した軍服をまとい、ぴかぴかに磨き上げた軍靴を履いた騎兵第五師団の二個連隊は威風堂々とタマガライ平野を西へと突進してきた。大洋馬とは、日本軍が満洲に持ち込んだ西洋品種の馬とフルンボイル北部とシリーンゴル草原のモンゴル馬、それにロシア馬と交配してできた、新しい品種である。西洋とロシアの馬は背が高く、力は強いが乾燥寒冷地に弱い。モンゴル馬は背は低いが持続力があり、乾燥地でも生きていける。この三種の馬が出会って、新しい駿馬が誕生したのである。そして、武器はほとんど日本軍が残した世界最新式のものである。騎兵第五師団はこのように、名実ともにユーラシア最強の騎馬軍団だった。

騎兵第五師団は、私の父親のような西部オルドス出身のモンゴル人で、延安滞在を経て第五師団に編入された少数の者を「土八路《トーパーロー》」と呼んだ。「田舎臭い八路軍」、との意味で、相手を馬鹿にした表現である。八路軍はゲリラ戦の経験はあっても、近代的な騎馬戦には暗かった。そして、何よりも日本語など外国語が話せなくて、教養がないと見られていた。「土八路」なんか眼中になかっただけでなく、ウーシン旗の「反乱軍」は「土匪《トーピー》」で、戦うのに値しない、と騎兵第五師団は油断していた。

しかし、「土匪」のウーシン旗モンゴル軍は違っていた。彼らの乗っていた戦馬は大洋馬より遥かに背が低く、並走すると、まるで仔馬と大人の馬のような差があるように見えた。そして、銃器は古く、軍刀の刃も欠けていた。ウーシン旗の騎馬軍が持っていたのは日本刀という世界的な名器ではなく、寧夏や蘭州で鋳造された、粗悪な中国風の「大馬刀」だった。大馬刀は重く、騎馬戦に不向きだった。

写真63　日本統治時代のモンゴルの興安軍官学校生徒の訓練風景。ここから多くの「日本刀を吊るした奴ら」が育った。

大洋馬とモンゴル馬。
日本刀対大馬刀。

　このような構図自体がすでにウーシン旗モンゴル軍の圧倒的な不利を示している。それだけではない。両者の徹底的な戦力の差を物語る兵器は、機関銃の存在である。騎兵の展開に重火器の機関銃を併用したのが、近代日本騎兵の発明である(写真63)。騎兵と無縁の日本はその発明により、日露戦争を勝ち抜いた。その発明に最も感心し、懸命に習ったのが、満洲国のモンゴル軍だった。そのモンゴル軍が今や、前近代的なままの同胞を殲滅しようとやってきたのである。

†生贄

　オルドスのモンゴル軍は蜂起したというよりも、殉教を選んだだけである。強大な、新生の中華人民共和国を相手に決闘を挑んだこと自体、勝利を望んだ行動ではない。中国人の奴隷として生きていくよりも、名誉ある死、モンゴル人らしい死を彼らは喜んで選択したのである。当然、彼らは果敢に戦った。

奇玉山の兄、奇正山保安司令官は六百名のモンゴル軍を連れて、スゥルデ・マンハの上から、ユーラシア随一の精鋭、騎兵第五師団を迎え撃った。ここはかつて、一九四三年四月に国民政府の「鉄兜軍」と激戦を繰り広げた地でもある。旧式の銃であっても、モンゴル人の射撃はめったに外れない。一斉射撃を受けた騎兵第五師団の戦士は相次いで落馬し、しかも先頭を行く旗手まで失った。

不意を突かれても、近代的な訓練を受け、百戦錬磨の騎兵第五師団は少しも動揺しない。彼らは瞬時に態勢を整えて、ウーシン旗のモンゴル軍を沙漠の中へと追い払った。ウーシン旗のモンゴル軍も沙漠の奥へと退避したが、バヤスホランとエルケムダライという二人の青年だけが古い機関銃を撃ち続けた。二人は裸になって、沙丘の上から百発百中に「日本刀を吊るした奴ら」を倒していった。裸になるのは、沙漠の色と一体化するためである。

バヤスホランとエルケムダライを捕まえた騎兵第五師団のブリンバヤル中隊は、この「軍神の沙漠《スウルデ・マンハ》」において彼ら二人の心臓で戦友と軍旗を祭った。

胸に冷水をかける。そして拳で胸骨の下の柔らかいところに一撃を加えると、一瞬にして腹腔は開く。まだばくばくと拍動している心臓が取り出され、軍旗に捧げられた。一同は日本刀を抜き、沙漠の中で亡き戦友の魂に敬礼した。

これは、二十世紀、一九五〇年代にモンゴルの草原で挙行された、人間を生贄にした儀礼である。モンゴル人がモンゴル人を、中国革命のために生贄にしたのである。

敵の捕虜を軍神に捧げる風習は洋の東西を問わずに、古くからおこなわれてきた。ドイツの著名なモンゴル学者のハイシッヒも次のように伝えている(ハイシッヒ『モンゴルの歴史と文化』)。

シャマニズムの供養の習慣として伝わる心臓摘出の風習は一九一一〜一九一二年のモンゴル独立闘争の年間にもまだ、モンゴル将帥らによって行われていた。(中略)その時うたわれる祈禱書の文句は、上述の写本の文面にきわめてよく似ている。

聖《きよ》き旗、我、ふたたびなんじに答え祈る
心臓黒く憎い者どもを抑えくじき
あまたのえもの、欲せし財貨を与えたまえ

この一九一一年の独立戦争時の「憎い者ども」は中国人だった（Baabar, *History of Mongolia, from World Power to Soviet Satellite*）。しかし、二十世紀半ばになると、今度は同胞の心臓が共産主義のために、中国革命のために軍旗に献上されたのである。奇しくも、「チンギス・ハーンの軍神スゥルデ」を祭ってきた地で、中国共産党の人民解放軍に編入されたモンゴル軍が実施した、同胞のモンゴル人を用いた人間供儀である。まさにモンゴル人が民族として中華人民共和国の奴隷となる過程での前近代的な儀式である。

オルドスの青年バヤスホランとエルケムダライの心臓で軍旗を祭った騎兵第五師団のブリンバヤル中隊長は後日、満洲の故郷で発狂して死んだ。

†革命の食人宴

夜、ダブチャク王府を占拠した騎兵第五師団の食卓に豊富な「特炒《ターツオー》」（特別の炒め物）が供された。モンゴル人捕虜の肝臓である。こちらは中国人の政治委員が伝えた、中国共産党八路軍の伝統的な、秘密料理である。

新兵に敵の肉、それも特に肝を食わせると、肝の据った、勇敢な戦士になるという信仰からの教育方法である。中国共産党軍が紅軍と称していた時代から始まり、彼らがいうところの「万里の長征」の途中にも、国民政府軍の肝を取り出しては炒めて食していた。そして、八路軍や中国人民解放軍という風に名称を次からつぎへと変えながら改編しても、その都度、「特炒」の伝統だけは固く維持されてきたのである。まさに革命の食人宴を一路、開催してきたのである。中国共産党は「革命」という近代的な理念と行動を実現しようとした時も、前近代的な習慣を捨てていなかったのである。

「心臓をもって軍神を祭るにはさほど違和感がなかったが、特炒を食わされるのには抵抗感が強かった。しかし、食べたら、銃弾が当たらないと信じられていたので、従うしかなかった」と当時、騎兵第五師団にいた兵士たちと王府で留守を守っていたチャガンボンドン老が私に証言した。オルドスのモンゴル人は、中国共産党の人民解放軍がモンゴル人の心臓で軍旗を祭り、捕虜の肝臓を炒めて食べた行為に対し、今でも強烈な憤怒の情を抱き続けている。

「軍神の沙漠《スウルデ・マンハ》」にはウーシン旗の歴代王の墓地があり、古くからチンギス・ハーンの軍神スゥルデを祭ってきた、神聖な場所である。そのような由緒ある場所でモンゴル人青年二人が生贄にされたことで、神聖性は以前よりも強まった。今日でも、モンゴル人たちはこの沙漠を通るときには、馬から降りて敬礼するのを忘れない。

†エーデルワイスの草原

一九四〇年の夏には、京大旅行部の先輩の加藤泰安氏がホロンバイル（＝フルンボイル、著者注）から東ウジムチンに足をふみいれている。加藤さんにとっても、モンゴルはあこがれの地だった。かれはモンゴル草原の一角にたどりついて、エーデルワイスのさきみだれる草原につっぷして、その土をにぎりしめ、はらはらと涙をながしていたそうだ。（梅棹忠夫「回想のモンゴル」）

右はある日本人がモンゴル草原で目にした美しい風景、エーデルワイスに覆われた世界である。一九五〇年のオルドス高原もまた、あたり一面がエーデルワイスの花園だった。この年は過去に類例を見ないくらい、早春から暖かく、雨もしきりに降っていた。

「早く緑になる」

とモンゴル人は皆、喜んだ。南国からの渡り鳥も例年より早く飛来し、高原の湖で羽を休めてからさらに北のモンゴル人民共和国やシベリアを目指した。

「同胞の国はもう、社会主義国家か」

「独立国家はいいな」

とオルドス高原のモンゴル人は羨望の視線で青空を北へと飛翔していく渡り鳥を眺めて、春の移動放牧の準備をしていた。五月になると、泉や湖、それに小河が流れるところにチャガン・チチク、チャガン・トゥルーが咲き始めた。エーデルワイスである。

モンゴル人はエーデルワイスを単純に「白い花《チャガン・チチク》」や「白い頂《チャガン・トウルー》」、地域によってはまた「白い山《チャガン・ウーラ》」などと呼ぶ。これは奇しくもドイツ語の「高貴な白色《エーデルワイス》」と通ずるような気がする。平均標高約二千メートルのオルドス高原に咲く、素朴な「白い花《エーデルワイス》」をモンゴル人はこよなく愛する。モンゴル人はユーラシアの遊牧民たちと同じように、白色を尊ぶ。遊牧民が神聖視する乳製品は「白い食べ物《チャガン・エデー》」と称される。チンギス・ハーン家の直系子孫からなる貴族は「白い骨の人々《チャガン・ヤスタン》」と位置付けられてきた。聖職者のシャーマンは白色の馬に乗るし、国家の徽章は、「白い神《チャガン・スウルデ》」である。このように、白は高貴と純潔、不服従のシンボルとして、遊牧民に神聖視されてきたのである。

乾燥地草原の花エーデルワイスに、妖艶さは一切ない。華やかさを誇示しないがゆえに、傲岸と素朴を美徳とするモンゴル人に深く愛されてきたのである。傲岸と不屈の価値観を具現していると見られるから、モンゴル人は生命力の強いエーデルワイスを心から愛し、それに帰依しようとする。

一九五〇年五月四日に、オルドス高原ウーシン旗のモンゴル軍は旗西部のトリ平野に結集した(写真64)。トリとは、「鏡」との意である。北から南へと流れる小河の両側に無数の小さな湖が点在しているから、青空の下で光る「鏡《トリ》」と呼ばれてきた。「鏡《トリ》」平野はこの時、エーデルワイスの世界に変わっていた。

写真64　オルドス高原西部のトリ平野。往昔の河は干上がり、エーデルワイスも死滅し、沙漠が広がっている。

「足元から遠い地平線に至るまで、白い花《チヤガン・チチク》の絨毯が敷かれたような感じだった」

と父やその戦友たちが「トリ平野の戦い」について語る際は、毎回のようにエーデルワイスから始まる。「トリ平野の戦い」でオルドスのモンゴル軍は全滅した。私の父は、モンゴル軍を鎮圧する側、中国人民解放軍騎兵第五師団の一兵士だった。

†血染めの白い花

「ここで中国軍を迎え撃とう」

と賀永禄参謀長はフフマンハという沙丘の上に立って演説した。

フフマンハとは、「青い沙漠」の意である。賀永禄は騎兵第五師団を中国軍と呼んでおり、それも正しい。東部モンゴルのモンゴル人から成る騎兵で、なかには賀永禄の戦友もいるが、もはやモンゴル人の軍隊ではなく、中国の傭兵に化した集団である。そして、相手が圧倒的に強いのもまた、知っている。賀永禄は続ける。

我々オルドスの男たちはモンゴル人の国土を守るために戦ってきた。一九二〇年代には中国陝西省の軍閥と、一九三〇年代からはまた国民政府軍とも八路軍とも戦ったし、日本の侵入も防いだ。そして、今回は中国共産党が相手だ。

追手もモンゴル人だ。彼らはかつて日本側に立っていたし、その時の我々は中華民国政府に属していた。今や彼らは中国共産党の先兵となって、我々と戦おうとしている。モンゴル人同士で、血で血を洗うのも、これで最後としよう。

何回かの激戦を経て、およそ二千人から千六百人に減ったモンゴル軍の兵士たちも皆、冷静に賀永禄参謀長の演説に耳を傾けた。彼らは家から自分の馬を引いて出発した時から、本人も家族も、もう殉教の道を逝くと分かっていたからである。女たちも決して泣かなかった。いつものように携帯用の食料《フニス》であるチーズと干し肉をたっぷりと革袋に入れて、夫や息子たちを送り出した。そして、騎馬の姿が遠くの草原の地平線に消えていくのを見届けてから静かに涙を拭いた。決して感情を露わにしないで、喜怒哀楽をすべて胸の奥に収めておくところがまた、

写真65　内モンゴル東部出身のモンゴル軍は日本風の剣道の訓練も受けていた（写真提供：矢島金城）

控えめな、草原の花エーデルワイスのようだった。

戦いは五日の黎明時から始まり、午後には幕を閉じた。

人民解放軍騎兵第五師団は日本人教官から教わった「騎兵操典」通りにまず機関銃掃射を相手に浴びせる。相手が倒れていくのに乗じて大洋馬に跨り、日本刀を振り下ろしていく（写真65）。騎兵第五師団側の記録を見てみよう。

オルドスの馬は背が低いが、よく走る。しかし、第十四連隊の戦士たちは全員、シリーンゴル草原の大洋馬に乗っていたので、瞬時にオルドスのモンゴル軍に追いつく。（中略）そして、春の草原には沼地が多く、敵どもの馬はその沼地に嵌ると出てこられなくなる。そこへ、私たちはまた機関銃掃射を浴びせた。（烏嫩斉・奇沢華『騎兵五師』）

†亡国の決戦——トリ平野の戦い

春が例年よりも早く訪れ、雨も頻繁に降ったことで、河沿いはすべて湿地帯に変わっていた。次からつぎへと湿地帯に走り込んでは陥没してしまうモンゴル軍の首に日本刀が振り下ろされ、血潮が噴出し、「白い花《エーデルワイス》」を真っ赤に染めていった。次はオルドス側の証言である。

中国共産党の人民解放軍騎兵第五師団は抜群の戦闘力を誇っていたが、オルドスのモンゴル軍の抵抗もすさまじかった。参謀長の賀永禄は赤褐色の馬に乗っていた。ウーシン旗で一番、足の速い馬で、参謀長と私以外は近づくことすらできないくらい、気性の荒い馬だった。

モンゴル軍は、本当は北西方面へと逃げることもできたが、なぜかまた戻ってきて戦った。戻ってきて、全員、死んだ。殉教者になったのだ。

と、賀永禄の側近だったモンゴル人は語る。私も何十回も戦いの現場に立ったことがある。トリ平野の東と南西側には人民解放軍の二個連隊が展開されていたが、北西と西への逃げ道も残っていた。逃げ道があっても、逃げようとしなかったから、殉教者になったのである。

デード・ナリン（「細い上流」との意）という小さな窪みの中で、東モンゴル出身で、騎兵第五師団のゴンチョクという男は実に十八人ものオルドスの兵士を日本刀で切り倒していた。オルドスではこの十八人を「ジョグドルの十八人」と呼ぶ。ジョグドル小隊長が率いていた戦士たちで、全員、地元トリの出身者だった。ゴンチョクは中国人のために同胞の血を日本刀に吸わせた功績で、「中華全国戦闘英雄」に選ばれた（楊海英『草原と馬とモンゴル人』）。中国共産党の公式記録では、「一千三百人の敵どもを殲滅した」となっている（『烏審旗史志資料』第一輯）。

グルバン・ドグイという沼地でハルジャンというオルドスのモンゴル人が騎兵第五師団に切られた。ハルジャンの馬が泥沼に嵌って動けなくなっていたところを追ってきた人民解放軍の騎兵が日本刀で頭を真っ二つに切り裂いた。白っぽい脳漿が飛び散るのを見たオルドスの兵士が抗議すると、逆に威嚇された。私の父のように、オルドス出身で、騎兵第五師団に編入された「土八路《トーパーロー》」すなわち「田舎臭い八路軍」は皆、歯がゆい気持ちだったと回想する。

「モンゴルはこの戦いで滅んだ」

「モンゴル国《ウルス》はこの戦いで敗れた」

とモンゴル人は今日、このように「トリ平野の戦い」の意義を歴史的に位置づける。

ウルスとは、人間中心の国、属人思想に基づく遊牧民の国を指す、古い言葉である。私は小さい時からこのような思想に接し、「国を持たないモンゴル人」として育った。中国はモンゴル人の国ではないし、モンゴル人民共和国は遠かったからである。
中国政府が刊行した中国人民解放軍の騎兵史では従来、この「トリ平野の戦い」を最大の軍功の一つ、あるいは「建国後の最大の軍功」として描いてきた。しかし、近年ではタブーとなりつつある。それは、あまりにも一方的な大量虐殺だったからである。その虐殺の実態が今日における民族問題の爆発の原因とも繫がる危険性があるからである。

†中国人の花、罌粟

八千七百人しかいなかったオルドス高原ウーシン旗のモンゴル人が二千人もの男を失った後も、女たちは気丈に振舞った。私の家の近く、テグルクという草原にはゴンブセレンという老人が住んでいた。彼は第二大隊長の小《シヨー》バートルの従者だったが、たまたま休みを乞うて家に滞在していたので、殉教者にはなれなかった。

十数日後、彼は戦友たちの家族に泣かれて、遺体確認のためにトリ河にやってきた。みな同じ軍服を着ていて、腐敗がすすんでいたことから、確認は難しかったという。ひとりひとりの歯をみる勇気もなかった。ほとんど唯一といっていい手がかりはウマの屍体と鞍だった。同じく腐敗していたとはいえ、毛色は変わっていなかった。

これは、モンゴル軍が全滅してから、エーデルワイスの草原を歩く、一人のモンゴル兵ゴンブセレンと女性たちの姿である（楊海英『草原と馬とモンゴル人』）。第二大隊長の小《ショー》バートルの姿はなく、第一大隊長の大バートルが灌木の中で切られていた。彼は夫人が作った紺色のブーツを履き、「北京斑点《ページン・チョーホル》」という馬に乗っていた。その「北京斑点」もまたエーデルワイスの中に倒れていた。

「モンゴル人は白い花《エーデルワイス》が好きだが、中国人を花に譬えるなら、何だろうか」

と私はそのゴンブセレン老に尋ねた。

罌粟だね。あの毒を帯びた、派手なピンク色の花こそ、彼らの民族性を表しているのではないか。少人数の中国人は毒性も弱く、友人にもなれる。しかし、彼らが増えて集団になると、とっさに毒性を発揚し、牙をむいて他民族を敵視し、虐待しようとする。それはまさにアヘンの母体である罌粟の本性であろう。

中国南部から共産党紅軍によってモンゴル草原にもたらされ、ついにはエーデルワイスを圧倒する勢いで栽培されていた罌粟である。その罌粟のピンク色の花が中国人の民族性を物語るシンボルになったのも、革命の成果の一つであろう。トリ平野の戦いの後、中国共産党政府はウーシン旗で計一万九千二十二畝（一畝＝六・六七アール）の罌粟畑を廃棄したという（『烏審旗史志資料』第一輯）。モンゴル人の国を滅ぼし、占領したので、罌粟の栽培も中止となったのである。

まもなく、民家に避難していたウーシン旗の王子、ユンルンノルブー少年も騎兵第五師団に捕まり、ガルート寺に連行された。チンギス・ハーン家の王子が人民解放軍の兵士たちに徒歩で連れていかれるのを見た沿道のモンゴル人たちは泣き崩れた、と中国共産党の公式記録は伝えている（烏嫩斉・奇沢華『騎兵五師』）。

オルドス高原の北西部にオトク旗がある。旗内にアルバス山脈が北東から南西へと走り、最高峰のウランドゥシ峰は標高二千百五十メートルに達し、古くから神聖視されてきた。ある学説によると、十三世紀にチンギス・ハーンが西夏王朝を征服しようとした際も、このアルバス山中で野生の馬を狩りながら行軍したという。アルバス山脈の西と北は黄河に囲まれ、河を北へ渡れば、モンゴル人民共和国は近い。

一九五〇年五月五日にトリ平野で人民解放軍の騎兵第五師団と対峙した後、賀永禄参謀長と小《ショー》バートル大隊長ら数人はオトク旗に逃げ込んだ。オトク旗には彼らの友人、トメンジャラガル（劉宝財）保安司令官が軍を擁して待っていた。

「オルドスは我々モンゴル人が代々、住み着いてきたところだ。我々チンギス・ハーンの子孫たちがどうして中国人の奴隷にならなければならないのか」

と、トメンジャラガル保安司令官は隣のウーシン旗から避難してきたモンゴル軍を温かく迎えた。オトク旗の保安大隊は三個の中隊、約二百人の騎兵からなっていた。ウーシン旗のモンゴル軍が全滅したとのニュースを聞いて、トメンジャラガルも蜂起の機会を待っていたのである。トメンジャラガルの部下で、副中隊長を務めていたバドマドルジ（九十三歳）は一九九六年三月十六日に私に当時の様子を詳しく語った。

写真66　オルドス高原オトク旗グーンチャルガという地に建つ記念碑。モンゴル軍を追って戦死した人民解放軍騎兵第五師団の兵士を記念する碑（2004年9月撮影）

賀永禄たちがオトク旗に着いてまもなく、地元の兵士の他に、ウーシン旗とジュンワン旗からのモンゴル軍もまた陸続と合流し、軍勢は千人に達した。一九五一年二月四日、中華人民共和国が成立して一年半の歳月が経とうとしていた頃である。この時、騎兵第五師団の第十四連隊は朝鮮戦争に行く準備に入り、包頭へ移動し、第十三連隊だけがオルドスのハンギン旗のジャーラグ寺に駐屯していた。

蜂起したモンゴル軍はオトク旗に進出してきた中国人幹部と共産党員たちを殺害し（写真66）、アルバス山中に入って陣を張った。しばらく抵抗してから、黄河を渡って、アラシャン沙漠を経由してモンゴル人民共和国に亡命する計画を立てた。アルバス山脈は白い雪に覆われていた。

追ってきた第十三連隊を率いていたのは、トゥメト出身の雲一立連隊長である。激戦の末、賀永禄参謀長と小《ショー》バートル大隊長はアルバス山中のイヘ・ボラクというところで負傷して捕虜となった。疲れ切って、寝ていたところを襲われたのである。一九五一年二月十三日黎明時のことだった。

オトク旗のトメンジャラガル保安司令官は二カ月後に、アラシャン沙漠内で人民解放軍に殺害された。同胞の国、モンゴル人民共和国に近いところだった。

第九章

女たちの「革命《ガーミン》」

†加害者の子孫

二〇〇六年五月六日は暑い日だった。

春から雨はほとんど降らず、旱魃《かんばつ》の年になるのではないか、とモンゴル人たちはひどく危惧し、空を見上げては雲の出現を期待していた。私はウーシン旗政治協商委員会の委員、チャガーライ（奇景江）と共にバヤンブラクという地に住むハルジャン（二〇〇六年当時八十歳。写真67）を訪ねた。地名のバヤンブラクは「豊かな泉」との意であるが、あたりは見渡す限りの沙漠である。一九五〇年代から陝西省の中国人が侵入してきて草原を開墾し、沙漠に変えてしまった結果である。現在では、地名だけが、往昔に草原が広がっていた時代を物語っている。

私を案内したチャガーライはウーシン旗の末代の王子、ユンルンノルブーの長男である（二〇〇六年当時四十六歳。写真68）。ハルジャンはユンルンノルブーの姉で、チャガーライの伯母に

写真67　モンゴル軍参謀長賀永禄の夫人ハルジヤン

当たる。私が彼女に会いたかったのは、王女の身分で賀永禄参謀長に嫁ぎ、その後は苦難に満ちた人生を送ったからだけではない。私は彼女に会って、謝罪したかったのである。

すでに触れたように、私の父親は内モンゴル西部オルドスの出身でありながら、東部満洲国出身者からなる人民解放軍騎兵第五師団の一員だった。ウーシン旗のモンゴル軍が全滅した「トリ平野の戦い」には、鎮圧する側の戦闘員として参加した。

「どうして、敗れた側にいなかったのか」

「敗れた方が、私たちオルドス高原のモンゴル人ではないか」

私は、父親がモンゴル軍を破滅に追い込んだ「トリ平野の戦い」に加わったことについて、小さい時から強烈な反感を抱いてきた。

「トリ平野の戦い」については、幼少時から何回も聞かされていたが、父親がどんな役割を果たしていたかについては、聞く勇気を持たなかった。高校に入った一九八〇年秋に、私は改めて戦争の後遺症と直面した。

「お前の父は人殺しだ」

「人殺しの子」

と同級生たちに罵倒されたことがある。同級生たちの家では、我が家とまったく別の形で「トリ平野の戦い」について語られているのだ、と私は悟った。そして、父親は加害者側の一人である、とも分かったのである。

研究者を目指して、一九九一年からオルドス高原で歴史の当事者たちから話を聞く旅を始めてから、私は多くの「トリ平野の戦い」の関係者に会った。

「実家はどこだ」

「祖父の名は？」

写真68　ウーシン旗の末代王の息子、チャガーライ

「お父さんは誰だ？」
モンゴルなどユーラシアの遊牧社会では初対面の際にまずこのように系譜について根掘り葉掘り聞かれる。系譜を確認し合い、相互の社会関係を把握してから慎重に話を進める。すべては無用な衝突を避け、平穏を保つための方策である。モンゴル人たちはこのように私の立ち位置を確かめてから、

言葉を選びながら戦争について語ってくれた。

「日本刀を吊るし、日本製の双眼鏡と拳銃二丁を持っていた青年秘書官の息子か」

「騎兵第十四連隊長の秘書官で、いつも馬を二頭引いていた。連隊長の馬と自身の馬で、鞍を付けるのが上手かった」

モンゴル人たちは私の父についてこう述べ、そして多くを語ろうとしないこともあった。

中国共産党の革命的根拠地である延安に設置された民族学院を出て、人民解放軍の兵士となった父も、自身が「内モンゴルを解放して中国領とした」過去を名誉だとは思っていない。

「軍人は命令に従うのを天職とするだけ」、といつもこの言葉で私との会話を終えていた。

研究調査を続けているうち、賀永禄夫人がまだ健在だと知ってから、私は加害者の子孫として、彼女に会いたくなったのである。

†謝罪できなかった人間

道を案内したチャガーライを私は「殿《ノヤン》」と呼ぶ。テグスアムーラン王の孫であるので、共産党政権が誕生しなかったら、間違いなく彼は王になる権利を有しているからだ。そして、私はまたチャガーライの弟と同級生だったし、親しかった。

「殿も私の父親がトリ平野の戦いに加わっていたことを知っているだろう」

とハルジャンの住む「豊かな泉《バヤンブラク》」へ向かう車中で思った。しかし、私にはそれを告白する勇気がなかった。

荒涼たる「豊かな泉《バヤンブラク》」に一軒のみすぼらしい家屋が建つ。近くの家畜囲いには数頭、やせ細った羊が立っている。家の中に入ると、まるで洪水に洗われたかのように、ごくわずかな家具しかない光景が見えた。客人の足音を聞いて、老婦人は慌てて頭巾をかぶろうとしている。モンゴルの女性は知らぬ人に髪の毛を見せないようにする。

ハルジャンは目が見えなくなっていた。賀永禄参謀長が処刑された後に泣き続けたことで、視力が落ちた。そして一九六六年から文化大革命が発動されると、彼女はふたたび「反革命分子の家族」、「反動的な国民党員」とされて、殴る蹴るの暴力を受けた。さらに中国人たちに燃えるストーブの近くで長時間にわたって立たされたことで、完全に失明してしまったのである。

ハルジャンはある老齢の僧と暮らしていた。老僧が私にお茶をいれている間、彼女はモンゴルの古い習慣に沿って、客人の来歴について尋ねた。彼女は私の父の名を聞いてからも決して笑顔を絶やさなかった。しかし、私はどうしても謝罪の言葉を口にすることができなかった。自分は本当に情けない人間だと思いながら、彼女の話に耳を傾けた。

写真69　オルドス高原ウーシン旗の王府が一時置かれていた地、タマガライ。宮殿は共産党に破壊され、瓦が散乱している。

†搾取はなかった

ハルジャンは、ウーシン旗の王府がタマガライ（写真69）という平野に置かれていた時に生まれた。「軍神《スウルデ》・沙漠《マンハ》」の東にあるタマガライという平野はいつも、馬群に埋め尽くされていた。朝起きると、無数の馬が王府の近くの泉に群がっていた様子が、彼女の原風景である。そして、夜にはいつも、馬蹄が響く音を聞きながら眠りに着く。数十頭や数百頭もの馬が大草原を疾駆すると、その蹄のリズミカルな轟音は数キロ先にも伝わる。ユーラシア草原の風土が創出する音色でもある。

王府の妃たちと王女たちの起床は使用人《アルバト》よりも早く、太陽が昇る前から搾乳を始めなければならなかった。当時のモンゴル人はほとんど乳製品を主食としていたので、乳しぼりは使用人に任せないのが、王府の原則だった。モンゴル人は乳製品を「生きた家畜から採れる、生きた食べ物」と位置付けているので、搾乳も神聖な行為である。

「搾取はなかったのですか」

と私はわざわざ共産主義の階級闘争論的な質問をぶつけてみた。

社会主義政権が樹立すると、私たちは搾取階級に分類された。労働人民を抑圧し、搾取したという。しかし、ウーシン旗の王府では、乳製品を作っていたのは母親と私たちだけで、誰を搾取するのだろうか。使用人もすべて貧しい親戚の者で、彼らを助けるために、呼んできて一緒に暮らしていた。食べ物はほぼ毎日のように乳製品とお茶だけで、一週間に一回程度、粟のご飯を食べていた。そして、正月の時にだけ、うどんが食卓にのる。王様は毎日贅沢をしていた、と文化大革命中に言われたが、根拠は何もなかった。

ハルジャンはこのように回想し、一九四九年当時の王府の財産を示した。

羊と山羊——約三百頭
牛——約四百頭
馬——三百二十頭
ラクダ——約三十頭

この数字は、ユーラシアの一般的な遊牧民世界では、中流ないしはそれ以下のレベルである。内モンゴルでも中央部のシリーンゴル盟や東部のフルンボイルの裕福な者には遠く及ばない。

ただし、オルドス高原のモンゴル人社会では、他の牧畜民と比べると、馬と牛は多い方になる。牛を増やしたのは、王府を訪ねて来る客人が多く、乳製品を作ってもてなすためだった。馬群が複数あったのは、牧畜民の安全を守るための軍隊を養う目的からである。モンゴル軍は基本的に戦馬を持参するが、いざ戦死したりして補給しなければならない時には、王府の馬が提供されていた。そして、軍人も王府の役人も、食べ物は全部、自宅からの提供に頼っていたのである。軍人は戦馬を、文官は紙と墨を持参する社会において、搾取が成り立つ構造はまったくなかった。言い換えれば、モンゴル人は国民皆兵、国民皆官という制度で、国土と人民を守ってきたのである。

†叔父奇玉山少将の記憶

テグスアムーラン王はハルジャン王女が十五歳の時一九四一年陰暦六月に亡くなった。それを受けて、叔父にあたる奇玉山は二十六歳の若さで御印ジャサク兼東協理タイジに昇進した。御印ジャサクとは、王の印璽を守る身分で、実質上は王である。そのため、モンゴル人は敬意を持って、奇玉山を殿《ノヤン》と呼んだ。一九二九年に内モンゴル人民革命党の指導者ムンフウリジーが王の衛兵十八人を一キロ歩かせるごとに一人ずつ射殺していく共産主義の嵐の中でも、王の印璽を背負っていたのは、十四歳の奇玉山だった。

「叔父にはモンゴルの印璽を背負う運命が課されていた」

とハルジャンは語る。その印璽はチンギス・ハーンの直系子孫に付与された権力の象徴であるというよりも、モンゴル人の故郷と文化のシンボルだったと理解した方がいいだろう。

ハルジャンが記憶している奇玉山は酒とアヘンなどにまったく興味を示さなかった人物だった。いつも丁寧にアイロンをかけた軍服をまとい、乳製品を食べた。そのためか、モンゴル人が中国共産党の持ち込んだアヘンに手を出して貧困化していく現実を見て、我慢できないほど心を痛めていた。オルドスは歴史的に陝西省の中国人社会とは長城一つ隔てて接触してきたが、アヘンは完全に新しい商品である。それは、地元の中国人ではなく、南国からの共産党員が運んできたもので、モンゴル人社会を根底から崩壊させていた武器であった。

一九四三年四月に奇金山連隊長が国民政府軍の幹部六十人を殺害して蜂起した時、奇玉山もしばらくは行動を共にした。ウーシン旗のモンゴル軍は国民政府軍の第二十六師団の何文鼎部隊に追われながら、西へと退却していった。

私は十七歳になったばかりで、十三歳の弟、王子ユンルンノルブー(奇世英)と共に馬に乗って避難していた。そこへ、奇玉山夫人のリンハワーの乗っていた馬が銃声に驚いて暴れたので、夫人を落としてしまった。妊娠中だったから、陣痛が始まってしまった。そこで、

写真70　奇玉山少将と家族。左の子どもは長男チメグノルブーで、右の女の子はバヤンチチクか（写真提供：Chaghalai）

仕方なくまだらの峠《アラク・トロガイ》の近くで、天幕を張り、出産した。陣中で生まれたのが女の子で、バヤンチチクと名付けられた。

バヤンチチクとは、「豊かな花」との意である（写真70）。国民政府軍はウーシン旗王の墓地を荒らし、金銀財宝を略奪したかったらしいが、価値のある埋葬品は何もなかったので、テグスアムーラン王の下顎を持ち去った。後日、白檀の木で下顎を作り、埋葬し直した。

†中国への不満が爆発

奇玉山少将が一九四八年に集寧で人民解放軍の捕虜とされ、そして延安へと抑留されてから、ウーシン旗のモンゴル軍をまとめていたのは、賀永禄参謀長である。

「中国全国が革命《ガーミン》の嵐で真っ赤に染まっていくだろうが、モンゴルを中国人の侵略から守らなければならない」

と夫の賀永禄は口癖のように話していた。賀永禄参謀長は以前、サインニンブーという女性と結婚していたが、亡くなったので、ハルジャンを迎えた。日本の陸軍士官学校を出たという経歴を決して自慢せず、いつもはにかみながらモンゴルの民謡を歌うのが好きな男だった。

「殿《ノヤン》は髪の毛がすっかり白くなり、完全にやつれてしまった」

とハルジャンは抑留先の延安からウーシン旗に戻った奇玉山を遠くから眺めていた情景が忘れられない。それは一九四九年八月十三日の夕方だった、と前に述べた。ハルジャンはその日、乳製品をたっぷり用意し、ミルクティーを沸かしていた。

殿が帰ってきて数日後に、夫（賀永禄）と大小《イヘシヨー》二人のバートルが四百人のモンゴル軍を連れてジャサク旗から帰還してきた。彼らは蒙漢支隊と呼ばれ、中国を解放するために徴用されていたが、いつも一番危険な前線に立たされていたという。犠牲者も多かったので、中国人同士の国共内戦には巻き込まれたくない、と厭戦気分が強かった。

帰ってきたモンゴル軍が整然と立ち並び、叔父の奇玉山は彼らの前で演説した。アメリカが我々モンゴルを助けようとしているし、徳王様もアラシャンで自治政府を創ったので、合流しよう、との内容だった。モンゴル兵は、髪の毛が白くなり、痩せこけた殿の姿を見て、みんな涙を流した。殿はまだ三十四歳だった。

これは、ハルジャンが眺めていた風景である。九月二十二日の早朝、モンゴル軍は軍内の共産党員を逮捕し、処刑した。

「私はいつものように搾乳していたが、夫は銃声を聞いて走って軍営に行った」

「何をしてくれたのだ。中国はもう赤くなっているのに」

と賀永禄参謀長も兵士たちの蜂起計画を知らなかった。賀永禄も奇玉山も平和裡にモンゴル軍を連れて黄河を渡り、アラシャン沙漠に入って、徳王のモンゴル自治政府に帰順する予定だった。しかし、普通のモンゴル兵はそれを知らずに、中国への不満を爆発させたのである。こうした不満が、大局的な見地を乱してしまった側面は否めない。

奇玉山少将がフフホトに連行された後の一九四九年冬、ハルジャンは一人の女の子を産んだ。

「この子が大きくなった時、モンゴル人はまだ草原で放牧できているかな。モンゴル人の草原を守るために、お父さんも戦わなければならない」

と、子煩悩の賀永禄は揺り籠の中の女の子を眺めて話していた。

†征服者と虜囚

夫の賀永禄参謀長とモンゴル軍がトリ平野で戦い、さらにそこからオルドス北西部のアルバス山中へ逃げた後の一九五〇年五月に、ハルジャンは王子ユンルンノルブーと奇玉山夫人のリンハワー、ポンスク秘書官とボロ副官ら九人でウーシン旗東部へ避難した。フフトロガイという草原に着いたところ、人民解放軍イヘジョー盟軍分区の高平司令官（一九一六〜八五。写真71）の軍に捕まった。高平司令官はサングラスをかけた、巨漢だった。戦闘に臨む時、彼はいつも自身だけでなく、乗っていた馬にもアヘンを吸わせてから走る。また、夜にもアヘンを吸引し、性欲が増してくると、手当たり次第に民家の女性に乱暴していたことで、陝西省北部とオルドスで恐れられていた人物である。中華人民共和国が樹立した後、彼は人民解放軍北京軍区後勤部（装備部）副部長に昇進した。

写真71　人民解放軍の高平司令官。1980年代に征服者としてオルドスを再訪した時に撮られた1枚。左からTegualdar、包海豊、高平、呉占東、Vanchug（王占魁）、Chogtu副旗長。

「女性に乱暴を働くことで知られていた高平司令官に遭った後は、怖くて歩けなくなった」

とハルジャンは回顧する。

五月三十一日、一行はジャサク旗の政府所在地、かの「斜めの街道の蒙政会」まで拉致された。九人とも小さな部屋に入れられ、布団も何もなかった。夜になると、中国人のコックが一人現れ、ジャガイモを煮込んだスープを置いていった。数日後、ポンスク秘書官とボロ副官の二人は解放され、ウーシン旗へ徒歩で帰るよう命じられた。王子ユンルンノルブーと奇玉山夫人は幹部学校に入れられ、政治学習を受けることになった。政治学習とは、共産党による洗脳教育を指す。ハルジャンは九人が乗ってきた馬を世話しなければならなかった。

斜めの街道の蒙政会の近くには大軍が駐屯していたので、馬に食べさせる草がなくなっていた。五十日間も馬の世話をしたが、毎日、日照りが続き、灌木もなかったので、蔭すらない。井戸もなかったので、やがて馬はすべて痩せていき、次から次へと死んでいった。共産党の幹部たちは誰一人、関心を示そうとしなかった。そして、最後には私も徒歩でウーシン旗へ帰るよう言われた。

蒙政会からウーシン旗へと、私は一歳未満の娘を抱えて百五十キロもの沙漠の道を歩き続けた。ウーシン旗東部のダルハン・ラマ寺に着くと、馬を放っていたモンゴル人に会い、ダブチャク平野まで送ってくれた。ダブチャクの家に着いて間もなく、娘を亡くしてしまった。

乾燥しきった真夏のオルドス高原の沙漠を歩くことは、危険である。気温は摂氏四十度以上にも達するので、乳児を抱えた女性には過酷である。モンゴル人女性が、生まれ育った故郷において、後から侵入してきた中国人に虐待される時代が始まったのである。

ダブチャク平野に帰っても、王府に住むことは許されなかった。王府から東へ十数キロ離れた夏営地に泊った。王府にはすでに新しい征服者、中国共産党の幹部たちが闖入して、堂々と暮らしていた。彼らは皆、陝西省北部から家族や親戚の者を呼んできて、王府を囲むように、中華街が形成されつつあった。「モンゴルを解放した後は、移民を実施しない」という約束はとっくに破られていた。そもそも、約束などというものはモンゴル人を騙すための手段に過ぎなかった。

†晒し首と冥婚

一九五一年二月下旬のある日、夫の賀永禄とその衛兵のドゴルジャブ、小《ショー》バートル大隊長とその夫人のスンブルーら五人がアルバス山中から連行されてきた。

夫はアルバス山中で戦い、弾に当たり、馬から岩の上に落ちてしまった。ドゴルジャブは夫を介抱しようとしたところ、二人とも捕まった。

もう一人の兵士、ハルジャーダイだけは馬を飛ばして逃げ切ったらしい。アルバス山中のモンゴル人で、地元の区長のブリンテグスは夫の人柄に惹かれ、熱心に面倒を見てくれた。夫は彼に嗅ぎタバコを記念に残した。あの嗅ぎタバコは、私たちが結婚した時に、母が彼にあげたものである。ところが、ブリンテグスもまもなく処刑された。反革命分子に同情的だったという罪で。

小《ショー》バートルの夫人スンブルーは有名な美人だった。色白で、鼻が高く、細面の女性だった。彼女はいつも男たちと並んで軍陣に立つのが好きだった。軍刀が使えないので、両手で短銃を撃っていた。射撃の腕もよく、小バートルも顔負けするくらいだった。

とハルジャンは証言する。小バートルの夫人スンブルーは、奇玉山少将の夫人リンハワーの妹である（一一七頁の系譜図参照）。スンブルーとは、須弥山《しゅみせん》のモンゴル語の音便である。

翌日、賀永禄は銃殺され、小バートルは日本刀で斬首された。本書の冒頭、プロローグで描いたシーンが演じられたのである。人民解放軍の兵士たちは二人の心臓を取り出して、その周りの血液を吸っていた。

「ワンチンというモンゴル人兵士も中国人兵士たちと同じように夫と小バートル大隊長の心臓の血液を吸っていた。彼は一九五〇年代にオトク旗人民銀行の頭取に昇進していた」

二人の心臓の血液を吸っていたという事実は、オルドスでは広く知られている。賀永禄参謀長と小バートル大隊長の首も切り落とされ、王府の城門の上に晒されていた。

小バートルの亡き後、スンブルーは極貧の生活を強いられ、一九七九年に他界した。まもなく、遺体が盗まれた。中国人の冥婚《めいこん》の相手とされたのである。冥婚とは文字通り、冥土での結婚を指し、中国人社会特有の現象である。未婚のまま死去した相手に、家族らが異性の遺体を見つけて一緒に埋葬する制度である。モンゴル人社会にはない風俗であるので、モンゴル人の遺体が中国人に盗まれると、社会的な不満が高まる。

スンブルーはその夫と共にモンゴルの自決のために中国と戦ってきた人物で、その遺体が中国人に略奪されることに、モンゴル人は憤慨したのである。これもまた、中国革命がモンゴル社会にもたらした衝撃の一つであろう。

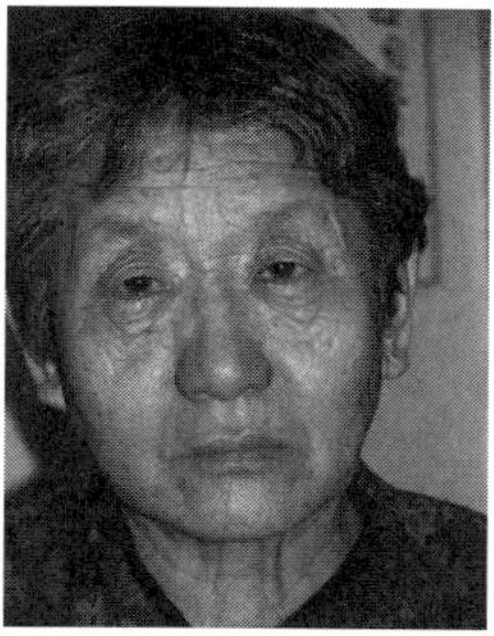

写真72　王子ユンルンノルブーの夫人オユンドティ

†末代王子の結婚

奇玉山は、一九四九年冬にフフホトへ連行される直前に、王子ユンルンノルブーの結婚式を主催した。亡き兄であるテグスアムーラン王の息子ユンルンノルブーは奇玉山の甥である。王子と結婚した女性はオユンドティ（二〇〇六年当時七十四歳。写真72）といい、私は二〇〇六年九月二十五日にダブチャクで彼女に会った。彼女の次男は私の同級生であるが、遠い東勝市に勤めており、長男チャガーライが母親の隣に座っていた。オユンドティとは、「聡明な孔雀」との意である。

モンゴルの習慣では、結婚式の際に新郎を含めた武装した男たちが新婦を迎えにいく。古代のユーラシア草原では、略奪婚が一般的におこなわれていた。民族の開祖チンギス・ハーンの母親も、本来ならば他の部族へ嫁ぐ予定だったが、途中、奪われてしまい、運命が変わったのである。実力で嫁を奪う風習は後に禁止され、儀礼と化して残ったのである。

しかし、貴族の新郎は自ら嫁を「略奪」に行かないで、部下たちが代行する。ウーシン旗王府のパイトー・メイリンら六人が十七歳のオユンドティを丁重に「奪い」、ダブチャク平野の王府に連れてきた。王府の正門にはすでに中国共産党人民解放軍兵士の歩哨が立っていたので、不吉《ムーヨル》のシンボルと見て、東門から入った。

「不吉な者が王府の正門に立っていたので、それ以降の人生も不運だった」

とオユンドティは回顧する。

嫁いできて王子の妃になってからも、毎朝早起きし、黎明時に搾乳した。賀永禄夫人も妃たちもみな、働いていた。使用人だけが働き、妃たちが搾取するような制度はなかった。

「賀永禄夫人のハルジャン姉さんはとても勤勉な人で、料理も上手だった。彼女は王府の若い使用人の女性、ロントンとソドよりも早く起きていた」

とオユンドティは語る。王府の西庭に奇玉山少将一家が、東庭に亡きテグスアムーラン王の妃カンルソジャールと王子ユンルンノルブー夫妻、それに賀永禄夫妻が住んでいた。カンルソジャール妃（写真73）は娘のハルジャンと婿の賀永禄をとても可愛がっていた。

年の暮れも近かった頃、奇玉山がフフホトへ連行されることになった。バントーをはじめとする衛兵たちと約一個中隊の総計約八十数名のモンゴル兵が馬に乗って東の包頭近くまで見送ることになった。軍営を出る時にはモンゴル軍が全員整列し、チンギス・ハーンを讃える賛歌、「主君の賛歌《エジン・サン》」を朗誦した。「主君の賛歌」は韻文からなる。「外敵を退き、国土を守ろう」という内容で、モンゴルではすべての男たちが覚えなければならない詩歌でもある。「主君の賛歌」を吟唱するのは、出陣式に欠かせない儀式である。

写真73　左から王女ナンサルマ、サクサ、奇玉山夫人リンハワー、１人おいてカンルソジャール。子どもは奇玉山の長男チメグノルブー（写真提供：Chaghalai）

叔父の奇玉山はとても優しく、礼儀正しい人なので、まずカンルソジャール妃のところに行って、別れの挨拶をした。モンゴル軍が『主君の賛歌』を朗誦している間、女性たちは皆泣いていた。私は来たばかりの嫁なので、遠くから眺めていた。今からあの時の悲壮感に包まれた儀式を思えば、モンゴル人は皆、殿《ノヤン》との永別を悟っていたのではないか。

奇玉山がフフホトに連行された後も、モンゴル軍はそのまま集まっていたが、特に蜂起を宣言することもなかった。それにもかかわらず、騎兵第五師団とイヘジョー盟軍分区の人民解放軍の進駐が伝わってきた。私も今までに多くの当事者の話を聞き、それに政府側の公的な記録を読んできたが、そもそもこの時期に中国人民解放軍がオルドス高原へ進駐してくる理由は何もない。モンゴル軍が「反乱」したから鎮圧に来たのではない。正確にいえば、人民解放軍が侵入してきたので、オルドス高原ウーシン旗のモンゴル軍が抵抗し、トリ平野で全滅してしまったのである。

言い換えれば、中国人民解放軍はオルドスにやってきて挑発し、モンゴル人は忍耐できなくなったので、蜂起せざるを得なかったのである。それは、呉広義司令官と高平司令官の言葉、「モンゴルを支配するためには、間引き（人口削減）が必要だ」という思想にも表れている。

†陣中の女性

中国人民解放軍の騎兵第五師団の侵入を聞いて、賀永禄参謀長と大小二人のバートル大隊長はモンゴル軍を率いて戦った。若き妃のオユンドティは夫のユンルンノルブー王子と賀永禄夫人のハルジャン、カンルソジャール妃と共に九人でラクダに食料と衣類を積んでウーシン旗北部の沙漠地帯へ避難した。女性と子供は逃げなさい、と賀永禄参謀長が命令したが、小《ショー》バートルの夫人スンブルーだけは特別だった。彼女はモンゴル軍の男たちと共に行動した（写真74）。

「モンゴル軍が整列した陣中に、ただ一人の女性、それも美人のスンブルーが拳銃二丁を持って加わって行った時、怒濤のような歓声が沸き起こった。彼女は大隊長夫人だし、刺繍を施したおしゃれな鞍（写真75）に跨っていた。細い体が余計に華奢に見えた」

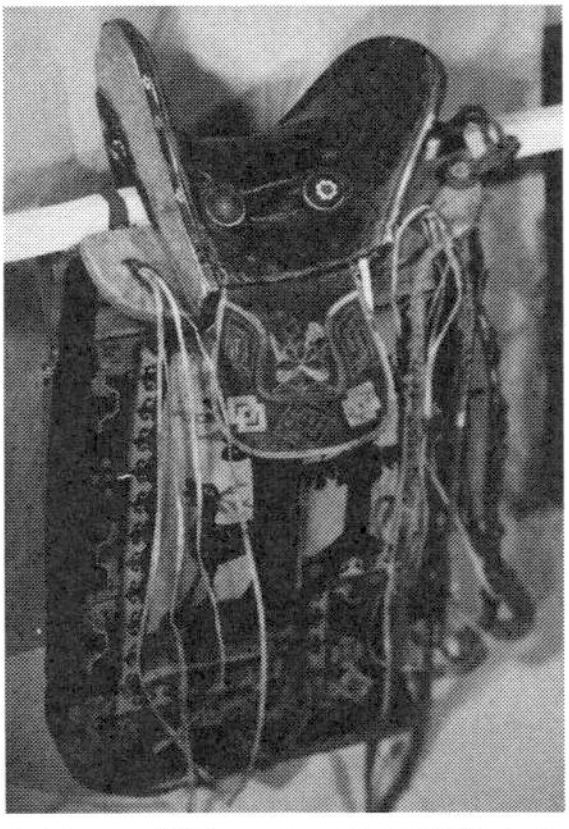

写真74（上） 1940年代後半のオルドスの女性。スンブルーもこのような恰好をしていた。（写真提供：Erdenigerel）
写真75（下） 刺繍を施した鞍敷と鞍

とオユンドティは語る。戦馬は陣を成し春の草原を疾走し、塵埃を立てつつ王府を後にした。王府の北三十キロのウターントという野生のニラの多い沙漠に隠れていたところ、スンブルーが衛兵を一人伴って、走ってきた。

「赤い中国人《ウラーン・ギタド》の軍隊が各地で虐殺を働いているので、隣のオトク旗へ逃げるように」

と指示した。虐殺とは、「軍神の沙漠」でモンゴル兵二人を生贄にしたことなどを指す。ここから、王妃たちはオトク旗に入る。一九五〇年になっても、彼女たちはまだ、王と王妃などの貴族は勝手に別の旗に入らないという清朝時代からの原則を堅く守っていた。

「娘よ」

と亡きテグスアムーラン王の妃、すでに高齢に達していたカンルソジャール妃はスンブルーを抱いて、泣いた。戦塵をかぶっていたので、顔は埃だらけだったが、大きな褐色の目と長い睫毛だけが目立ち、余計にスンブルーの美貌を引き立てていた。

王妃たちは、オトク旗南部のジャンガンという草原に至ったところで、騎兵第五師団のポンスク小隊に捕まった。

ポンスク小隊長は旧満洲国内の東モンゴルの出身で、礼儀正しかった。彼は決して女性たちに乱暴をしなかったが、面会した中国人の高平司令官は極めて粗野な人物だった。

「高平司令官はサングラスをかけて馬に乗っていた。蒙古人是牲口《モンクーレンシーシンクー》、と私たちを侮辱した。それを聞いたポンスク小隊長も顔に怒りを表していた」

とオユンドティは高平司令官の前に連行された時のことを覚えている。「蒙古人是牲口」とは、「モンゴル人は、畜生だ、動物だ」との意味である。これが、中国共産党の高官で人民解放軍の将校が、モンゴルの貴族の女性たちに向かって発した言葉である。彼らがかつて、媚びるような笑顔を絶やさず、両手にどっさりとしたアヘンを持ち、義兄弟《アンダ》を締結しようと懇願していたのとは、天と地の差である。征服者になってからは、モンゴル人を間引きしようとして、血腥い虐殺を実施していたのである。これが、中国共産党の進めてきた革命《ガーミン》である。

†男のいないモンゴル

王府の女性たちを捕虜にして、ウーシン旗東部のシンスメ寺に着くと、高平司令官は中国人兵士から成る連隊を並べて、演習をおこなった。藁人形を立たせて、馬上から切り倒す練習である。ところが、中国人兵士はしょっちゅう落馬するので、騎兵第五師団のモンゴル人兵士たちは腹を抱えて爆笑した。騎兵第五師団の方が軍服も良く、眩いほどに磨いた軍靴に日本刀を吊るし、背の高い大洋馬《ダーヤンマー》に跨っていた。兵士は大半が満洲国出身のモンゴル人だった。

「お前ら日本刀を吊るした奴らが何を笑うのだ。俺たちは抗日の英雄だ」

高平ら人民解放軍は「抗日の英雄」を自称しても、日本軍と戦った実績を持たない。騎兵第五師団も確かに日本軍だったし、全滅したオルドスのモンゴル軍の方が、抗日の陣営にいた。しかし、歴史は今や、完全に逆転してしまった。抗日していなかった共産党が元「日本軍」だった東部モンゴル人を連れて、抗日の陣営にいた西部モンゴル人を虐殺している。

それでも、演習の場に立たされた若きオユンドティは内心、オルドスのモンゴル軍がなぜ全滅して、負けたのかについては、納得していた。

「乗っている戦馬が違う。騎兵第五師団の戦馬は全部、大洋馬だった。武器が違う。東モンゴルの兵士たちは日本刀と機関銃を持っていた。これでは、我がオルドスのモンゴル軍が滅亡するのも当然だろう」

人民解放軍は王妃たちをチャガン・ノールという湖の畔に立たせて、わざわざボロボロの衣装を着せて「捕虜」を演出し、写真撮影を実施した。

「捕虜《オルジャ》ではない」

と女性たちが抗議すると、「モンゴルにはもう男がいない」、と言われた。八千七百人しかいないウーシン旗において、二千人もの男たちが結集していたのを思い出すと、オユンドティは一瞬、目の前が真っ暗になった。

「男たちがほぼ全員死んでしまったので、モンゴルも終わりだ」

と彼女は思った。男たちがどこかに生き残っているという希望はまったくなかったのである。一行はそのままジャサク旗の政府所在地、「斜めの街道の蒙政会」まで連行されるが、炎天下で、賀永禄夫人のハルジャンが抱えていた赤ん坊は病気になった。薬がなにもなかったので、人民解放軍の医者に診てもらおうとしたが、断られた。「反革命分子は診ない」、と一蹴された。数日後、アヘンを一粒与えられ、焼いて煙を吸わせれば治る、と言われた。結局、ハルジャンの幼い娘が助からなかったことは、前に述べた。

オユンドティはその夫君のユンルンノルブー王子と共にオルドスの幹部学校に入れられて、洗脳教育を受けた。幹部学校に収容されていた者は全員、オルドスの七つの旗の貴族の子弟だった。「封建時代の特権を放棄し、共産主義の思想を受け入れるように」と強制されていた。オトク旗のある貴族の青年はなかなか「反省」しようとしなかったので、中国共産党員たちに人糞を食わされた。モンゴル人は、人間としての尊厳が完全に否定されたのである。

オユンドティは反動的な国民党やその下部組織の三民主義青年団に入ったことがあるか、と取り調べられたが、中国語が分からなかったので、頷くしかなかった。その頷きを「国民党員」だと理解した共産党は余計に態度を硬化させた。

「お前らはロバの言葉を話す、反動的な国民党員だ」

と中国人の幹部たちは怒鳴る。「ロバの言葉」とは、モンゴル語を指している。中国人はロバを愚かな、劣等動物と見なすので、いつもロバに喩えてモンゴル人を侮辱していた、と中国共産党の公式文書にも記録がある（中共中央統戦部『民族問題文献匯編』）。

やがて、奇玉山の兄、タルビジャルサン夫婦も東勝に連れて来られ、数日後にはさらに張家口へと連行された。

†少将の処刑

奇玉山少将はどのように最期を迎えたのだろうか。

中国側の公式記録によると、「一九五一年六月二十二日に東勝で数万人からなる群衆大会が開催され、奇玉山が犯した数々の反革命の罪が列挙された後に、死刑が宣告され、直ちに執行された」という（チャガンドン「私の知っている奇玉山の主要事績」）。

六月二十二日は雲一つない晴れた日だった。

早朝、オユンドティは夫のユンルンノルブーら幹部学校の学生たちと共に召集され、「人民による公開の審判大会」に参加するよう伝えられた。誰が審判の対象なのかは、当然、知らされなかった。小高い丘の上に設置された会場に着くと、主賓席に二人の若い女性が座っているのが見えた。ウーシン旗王府の使用人、ロントンとソドである。どうして、偉くなったのだろう、とオユンドティは不思議に思った。

「反革命分子を連れて来い！」

との号令と共に奇玉山はランニングシャツ姿で人民解放軍の兵士たちに引っ張られてきた。隣には紺色の綿入れのコートを着せられたブレンバヤル（奇全禧）少将が立たされている。すでに夏なのに、衣替えも許されなかったのだ、とオユンドティは分かった。叔父の奇玉山は普段と変わらない、穏やかな表情だったのに対し、ブレンバヤルは目を丸くして怒っていた。

ブレンバヤルはジュンワン旗のモンゴル軍を率いて中国共産党に帰順したものの、「国民党の女スパイと踊った」こと、「ペン銃」で「偉大な領袖毛沢東を暗殺しようとした」罪で、死刑判決を受けたのである。実際には、「女スパイ」は人民解放軍の看護師だったし、草原に住むブレンバヤルには毛沢東に会う機会すらなかったのである。すべては適当にでっち上げられた罪である。

「奇玉山とその一族は労働人民を搾取していた」

とロントンとソドの二人が壇上でそう証言した。オユンドティが知る限りでは、二人ともウーシン旗東部のフフトロガイという草原の孤児だったのを王府が引き取って育て上げた女性である。オユンドティが嫁いできた後は、一緒に搾乳し、楽しく遊んだことのある女性である。それが、「搾取」されていたと平然とウソを語るので、人間も変わるものだ、とオユンドティは驚嘆するしかなかった。

二人の女性がウソの証言を語っている最中に、ゲレルトという青年が飛び出してきて、牛革で編んだ鞭を振り上げて奇玉山の頭を強打した。すると、顔には瞬時に数条の血が流れた。ゲレルトは、一九四二年十一月に東勝で国民政府軍の陳長捷司令官に処刑されたドプチンドルジ(奇国賢)西協理タイジの息子である。ドプチンドルジは罌粟を栽培した罪で国民政府軍に銃殺されたが、「密告」したのが、奇玉山だという。中華民国時代に罌粟を組織的に栽培していたのは、中国共産党である。共産党の罌粟栽培を許可したのはドプチンドルジで、奇玉山少将はそれに反対していたことは、前に述べた。今や、罌粟栽培に反対していた奇玉山少将が「反革命の罪人」とされたのである。

「数々の罪」をロントンとソド、それにゲレルト青年が列挙した後に、奇玉山とブレンバヤルに向けて、人民解放軍の兵士は引き金を引いた。銃声と共に、二人のモンゴル人少将は倒れた。九年前に、国民政府軍が殺害したドプチンドルジ西協理タイジの鮮血が注いだ大地の上に、更に新しいチンギス・ハーン家の後裔の血が注がれたのである。

ブレンバヤルの遺体はその弟が引き取ったが、奇玉山の遺体はそのまま放置された。若きオユンドティと夫のユンルンノルブーが近づくのを阻止されたからである。

夜、幹部学校では奇玉山とブレンバヤルの「反革命罪」を列挙した寸劇が上演されたが、オユンドティは途中、気絶してしまい、退席した。

別の角度から二人のモンゴル人少将、奇玉山とブレンバヤルの最期を目撃した人物にも会った。二〇〇五年八月二十九日、私はオトク旗政府所在地に住むバルジーニマという八十歳になった老人を訪ねた。彼は十三歳の時から「斜めの街道の蒙政会」が置かれていたジャサク旗の兵士となった。一九四三年春にジャサク旗とウーシン旗のモンゴル軍が国民政府の陳長捷部隊に抵抗するために蜂起した際には、盟長のシャグドラジャブ王について戦った人物である。シャグドラジャブ王が死んだ後はその息子のオチルホヤクトが王位を継承し、バルジーニマは彼の衛兵に任命された。

若きオチルホヤクト王もまた、奇玉山と親しかった。親しかったからこそ、中国共産党は彼に「特別な任務」を与えた。ウーシン旗の奇玉山少将と、ジュンワン旗の少将ブレンバヤル（奇全禧）の判決と死刑宣告である。

オチルホヤクト王はとても親孝行で、優しい青年だった。シャクドラジヤブ王が病気になり、人肉が必要だと医者に処方されたとき、彼は自分の腕の肉を切り取って薬にしていた。彼は幼少時から奇玉山やブレンバヤルとも親しかったから、死刑宣告書を読み上げた時は手の震えが止まらなかった。そして何と、二人の反革命罪の一つに、一九四三年春に国民政府軍に抵抗しなかった、と判決文に書いてあった。国民政府軍の草原開墾に最も激しく抵抗していたのは、奇玉山とブレンバヤルだったのに、中国共産党は真っ赤なウソをついていた。

刑は東勝の南東にある、小高い丘の上で執行された。

「跪下《グイシャー》!」(跪け)と命じられたが、二人はなかなか膝を曲げようとしないので、人民解放軍の兵士に何回も蹴られていた。二人とも口の中にタオルを詰められたうえ、舌に楊枝が刺し込まれて言葉を発することができなくなっていた。奇玉山は三十七歳、ブレンバヤルは二十九歳になっていた。

ブレンバヤルの遺体はその弟が運びかえったが、奇玉山の遺体はそのまま捨てられた。家族が引き取りに来ても、拒否された。

群衆大会を主催したのは新生のイヘジョー盟法院(裁判所)で、院長は賈文華というジュンガル旗出身のモンゴル人だった。賈文華は早くから中国共産党に入り、延安から大勢の八路軍をオルドス高原に連れて来ては義兄弟関係を結ばせていた男である。

実は奇玉山は自らの死期を予想して、ある中国人の理髪師を呼んで髪の毛を切ってもらった。

「丁寧に整えてくれますか」

と奇玉山は理髪師に頼む。二人の人民解放軍の兵士が奇玉山の手錠と足に付けられていた鉄製のチェーンを外す。理髪師が奇玉山の着ていたカーキ色の少将用のコートを脱がすと、体中に鞭で打たれた傷跡が残っていた。虐待されていたのである（写真76）。

「お金もなくなったので、恒大《ヘンダー》を七箱上げよう」

と奇玉山はお礼に恒大という銘柄の中国製のタバコを渡した。その理髪師が処刑から二日後に奇玉山の遺体を見に行ったら、すでに野良犬に荒らされていた。優しい理髪師はその傷だらけの遺体を灌木の中に移し、土をかけた。現在、この小高い丘の上に、人民解放軍イヘジョー盟軍分区が置かれている。まもなくオルドス高原には次のような民謡が生まれた。

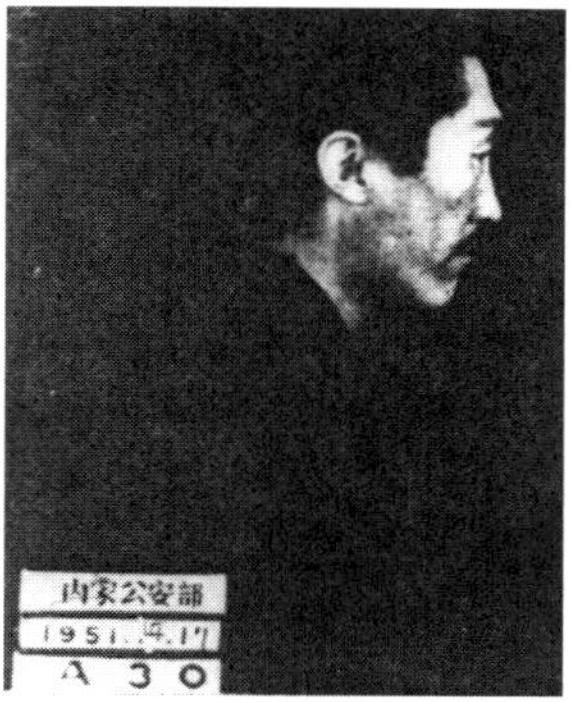

写真76　1951年4月17日に「内蒙公安部」によって刑務所内で撮影された奇玉山少将。彼には「A30」という番号が付けられていた。（写真提供：Chaghalai）

ウーシン旗の王家に王子として生まれるよりも
牛として生まれて母親の乳房を吸った方がまだましだ

（モンゴル語：Üüšin noyan-u tayiji bolun törühü-yin orundu, ükür-ün tughul bolju eke-iyen kögügsen ni degere）

†少将夫人の死

奇玉山少将はウーシン旗のモンゴル軍が蜂起し、全滅した事実を知らない。

　奇玉山は一九五〇年春に張家口に連れていかれた。当時、内モンゴル自治政府もそこに置かれていたからだ。ある日、私は政府招待所で彼に会った。殿《ノヤン》は大変な美男子だったことで知られていたが、捕虜になって監禁されていても、表情は変わっていなかった。オルドスのモンゴル軍は全員、東モンゴル人の騎兵第五師団に日本刀で切られた、と伝えると、彼は静かに涙を流した。

　と、私の叔父オーノスは一九九五年七月三十日に回想した。中国では一九五〇年から大規模な「反革命分子を鎮圧する運動」が推進された。中国共産党の公式記録によると、オルドス全体で四百人余りが処刑された。そのうち、ウーシン旗だけでも二十三人のモンゴル人が銃殺、あるいは日本刀で斬首された（趙会山「対伊盟解放初期幾項主要工作的回顧」。『烏審旗史志史料』第一輯）。中国全土では百二十七万人が逮捕され、そのうち七十一万人が処刑された。当時、「反革命分子を鎮圧して、朝鮮戦争に貢献しよう」とのスローガンが叫ばれていた（白希『開国大鎮反』）。

奇玉山の処刑後、夫人のリンハワーは賀永禄夫人ハルジャン、それに王子ユンルンノルブーの后オユンドティと一緒にウーシンジョー寺の近くで暮らしていた。「反革命分子の黒い家族」だと共産党政府から断じられたため、モンゴル人たちも怖くなって、付き合おうとしない。

一九五八年二月十七日は、陰暦の一九五七年十二月二十九日に当たる。この日の夜には祖先や亡くなった家族への供物を燃やし、墓参りする日である。リンハワーとハルジャンの二人も家の近くの沙漠で供物を燃やしてから帰ろうとすると、「後ろに黄色い狗《シャル・ノハイ》がいる」、とリンハワーが言う。幻覚である。「黄色い狗」は不吉の象徴とされ、しかも祖先に供物を提供した時に現れたことで、リンハワーは精神的に不安定に陥った。夏、彼女は王府の夏営地で亡くなった。四十三歳だった。

†「黄色い娘」

二〇〇六年八月二十四日の午後、私は友人で、「殿」のチヤガーライと共にウーシン旗南部のバヤンチャイダムという草原に入った。ここに住むバヤンチチク（二〇〇六年当時六十四歳。写真77）に会うためである。奇玉山少将の遺族で、今生存しているのは、次女のバヤンチチクだけである。

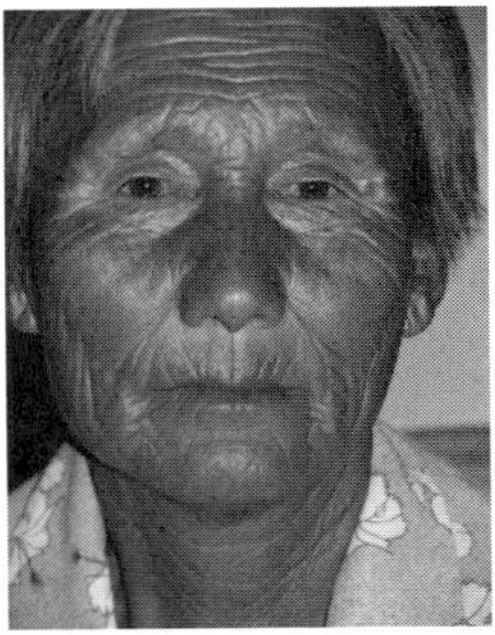
写真77　奇玉山少将の娘バヤンチチク

日干し煉瓦でできた、質素な家に、バヤンチチクは私たちを招き入れた。乳製品を机の上に並べてから、お茶をいれる。小さなお碗の中にたてた茶はほんの僅かで、一口で飲み干すにしても足りないくらいの量だ。私と「殿」はその一口にも満たない茶をゆっくりと時間をかけて、少しずつ唇を潤すように嗜む。万が一、一口で飲んでしまったら、食べ物に飢えている、下品な人間と見なされる。炎天下を長時間にわたって旅をしてきた人間にとって、モンゴル流の茶道は過酷であると言っていい。しかし、何よりも礼儀作法と義理人情を神聖視するモンゴル草原では、マナーを守るのが第一である。

お茶を、いや、厳密にいうならば、茶滴をすすりながら、私たちは来訪の目的について説明する。バヤンチチクは静かに話を聞いてから、二度目の茶、すなわち本格的なお茶を出した。私たちも持参してきた土産類を渡し、正式の挨拶を交わす。

「お父様とお母様、御一族が経験した中国革命について知りたい」

と私は自身の目的について先に語った。しかし、私には、父親が騎兵第五師団の一員として、「トリ平野の戦い」ではモンゴル軍を鎮圧する側に立っていた事実を打ち明ける勇気がなかった。彼女とその一族が、あまりにも過酷な運命を今日までに辿ってきたからだけではない。加害者に会うのも辛いのではないか、と私は思った。私は情けない、ずるい人間だと自覚していた。

バヤンチチクは奇玉山少将の次女で、国民政府軍が一九四三年四月にウーシン旗に侵入し、殺戮と放火を各地で働いていた最中に、「まだらの峠《アラク・トロガイ》」の陣中で生まれた、と前に述べた。生まれた時から髪の毛は黄色で、やや青い目をしていたので、父親からは「黄色い娘《シャラ・フーヘン》」と呼ばれた。モンゴルでは両親が黒髪に黒い瞳でも、たまに金髪の子供が誕生することがある。太古の昔からユーラシア規模で混血してきたから、遺伝子が安定していないのだ。

バヤンチチクにはまたチメグノルブーという兄と、エルデニチチクという姉がいた。一男二女を奇玉山少将とリンハワー夫人は可愛がっていた。両親から怒られたという記憶は、バヤンチチクにはない。とことん、子供を放縦するのもまた、モンゴルの伝統である。放縦とは言え、子供もやがて厳しい自然環境の中で自ずと育っていく。これが、草原流の育児法である。

彼女にとって、父親との一番甘い思い出は北平（現北京）で一九四八年三月に過ごしたことだという。

「北平も昔、フビライ・ハーンが建てた都市だ」

と奇玉山少将は子供たちにそう語っていた（写真78）。奇玉山少将は子供三人に一台ずつ、自

写真78　北平（北京）の北海公園を訪れた奇玉山少将。遠くに清朝にゆかりのある白塔が見える。（写真提供：Chaghalai）

転車を買ってあげた。自転車は、当時の中国では相当珍しかったので、オルドスに持ち帰ったら、草原で乗れるかどうか、きょうだい三人は大いに悩んだという。モンゴルの貴族たちは皆、北平に邸宅を持っていたので、静かに暮らしていた。

一家はオルドスに戻ろうとして集寧で虜囚とされ、その後は山西省の朔県を経由し、革命根拠地の延安に長く抑留された。現地の貧しい農民と同じく、横穴式の洞窟に住まなければならなかった。食べ物がなく、慢性的な飢餓状態に置かれていた。中国共産党は一九三五年冬から一九四七年春まで、およそ十二年間にわたって延安に盤踞したが、経済的な投資は一切せず、ひたすら罌粟の栽培で軍資金を獲得していた。そのため、いざ毛沢東たちが八路軍を率いて延安を脱出して他所に移動した後は、現地に残されたのは以前よりもひどい貧困だった。

「夜になると、いつも狼の遠吠えが聞こえてくる。狼も飢えていたのだろう」

これが、延安に対するバヤンチチクの思い出である。大好きな自転車も集寧で八路軍の戦利品とされてしまい、手元には残っていなかった。

†王女と王子の運命

奇玉山少将が一九四九年冬にフフホトに連行された後、まもなく母親も逮捕され、子供三人も分散して暮らすしかなかった。バヤンチチクはしばらく奇玉山少将の護衛隊員の一人、ジャラガルダライの家に滞在したが、食べ物が底をついたので、従兄のユンルンノルブー王子の家に移った。政府から家畜の放牧を命じられたが、草原にいる牝羊の乳房を吸ってはいけない、と禁止された。社会主義中国では、モンゴル人の家畜も没収されて国有化されたので、勝手に搾乳してはいけなかった。誰もいない草原に放たれた羊をこっそり捕まえて、その乳を吸って飢えを忍ぶ方法もあった。しかし、夕方に畜舎に戻ってきた家畜の乳房に搾られた痕跡が残っていれば、「国家財産を盗んだ」として、処罰される。バヤンチチクは何回も、栄養不足で草原で寝込んでしまうことがあった。遊牧民にとって、これほどの飢餓は、恐らく紀元前の匈奴時代から一度も発生したことがなかったのではないか。

すべては、「偉大な中国革命の成果」の一つであるが、誰も不満を語ろうとはしなかった。不満を口にすれば、中国政府に殺されるからである。そして、顔や髪の毛を洗うことも禁じられた。「搾取階級の姫としての習慣を改造するため」だった。

一九六二年冬、バヤンチチクは陝西省北部から入植してきた中国人青年、李達虎と結婚した。モンゴル人は誰も、「モンゴル最大の反革命分子の娘」をもらう勇気を持たなかったからだ。

「政府は私たちの結婚に反対し、民兵を派遣してきて、銃を突き付けて阻止しようとした」

とバヤンチチクは語る。

李達虎の一族は一九三〇年代にオルドスに入植しているので、「草原はモンゴル人のもの」と認識し、ウーシン旗の王家にも敬意を持ち、モンゴル語も話せた。しかし、一九四九年以降に移民してきた中国人は皆、「モンゴル草原も中国の領土だ」との観念を有しているので、先住民のモンゴル人を敵視する傾向が強い。

中国人の李達虎の嫁となったことで、一九六六年から勃発した文化大革命中には相対的に無事だった。文化大革命中の内モンゴル自治区には計百五十万人のモンゴル人が暮らしていたが、そのうちの三十四万人が逮捕され、十万人近くが殺害された。モンゴル人たちはこの未曾有の災難をジェノサイドだと理解している（楊海英『墓標なき草原』上・下、続）。

「彼女は救いを求めて、生き残るために中国人と結婚したのだろう。しかし、その行為はまた、王女としての彼女を自ら侮辱することでもあった」
と後日にチャガーライは私に話した。
モンゴルの王女、チンギス・ハーン家の女性が中国人に嫁ぐことは絶対にありえない、と遊牧民は十三世紀の元朝時代からそのような価値観を抱いてきた。モンゴルの王女たちはユーラシア各地の遊牧民の王家や有力な部族に嫁いできたが、中国とは婚姻関係を結ぼうとしなかった。不思議なほど、中国との混血を忌み嫌ってきたのである。中国人と結婚すれば、モンゴル人も「中華民族の一員」とされ、モンゴルの草原も「中国の固有の領土」とされるからである（楊海英『「中国」という神話』）。

兄のチメグノルブーはずっと結婚できなくて、人民公社の本部に監禁されていた。文化大革命中は毎日のように暴力を受けていた。一度に六人から棍棒で殴られたこともあり、一週間も食べ物や水を与えられなかった時期もある。私は一度、こっそり粟ご飯を炊いて、深夜に持って行ったことがあるが、それも見張りに見つかって、没収された。文化大革命が終わっても、私たちは現在まで「反革命分子の子孫」とされて、ずっと差別されてきた。

と、バヤンチチクは証言する。中国は一九八〇年から改革開放政策を開始したが、奇玉山少将の遺族たちの待遇はまったく改善されなかった。

「彼らの待遇を改善したら、中国革命も台無しだ」

内モンゴル自治区の政府高官と北京軍区の高官たちはこう公言して憚らなかった。北京に入城した後の共産党員たちは誰一人として、モンゴルの義兄弟《アンダ》たちの運命に関心を示そうとしなかった。革命には常に謀略や背信が伴われるが、これほど残忍な態度でモンゴル人を処遇したのもまた、前代未聞であるとしか言いようがない。

姉のエルデニチチクは出産で亡くなり、兄のチメグノルブーは一九八一年二月十八日に自殺した。チメグノルブーは歌の上手い人だった。ウラーントロガイ人民公社のダム建設の現場で働かされていた間、休憩時間になると、彼はいつも歌声を披露した。哀愁に満ちた王子の歌声を聴いて、モンゴル人たちは皆、静かに涙を流した。

草原を流れる小さな河の畔には初夏になると、エーデルワイスが咲き乱れていた。河の流れが堰き止められて大規模なダムが出現すると、エーデルワイスも死滅してしまった。まるでこの可憐な花を愛してきたモンゴル人の運命と文化が中国革命によって断絶されたかのように、永遠に消えてしまったのである。

エピローグ

†草原に「山」はなかった

近現代の中国人の頭の上には三つの山がのしかかっていた、と中国共産党は唱える。それは帝国主義と封建主義、それに官僚資本主義の三つである。中国革命はいわば、この「三つの山」を取り除くための暴力だった、と共産党は主張する。

帝国主義は確かに大清帝国の一部を半植民地にしていたし、官僚資本主義もまた帝国主義の懐から誕生して、自国民を搾取していた。しかし、封建主義は近代の産物ではないし、中国共産党もまた封建社会の精神性を完全に引き継いでいた。秘密結社風の党運営と暴力を優先する闘争方針など、すべてがその前近代性を具現していることを、本書は実証している。もっとも、中国には古代から中央集権的な専制主義体制は確立したものの、地方分権的な封建制は完成していなかった、というのもまたマルクスの喝破しているところだ。地方分権的な封建制が成立しなかったことから、共産党もまた諸民族には自決・自治権を与えてこなかった。結党当初の「分離独立への支持」も所詮は偽善と欺瞞だった、と自ら証明したことになる。

中国に「人民を抑圧する三つの山」があったかどうかは別として、モンゴルの草原にはなかった、と断言できよう。ロシア人と日本人は帝国主義者としてユーラシアのステップに登場したものの、大方のモンゴル人は彼らを中国からの分離独立を支持してくれる友と見なした。遊牧民社会内の貴族には庶民を統括する権限が与えられていたものの、搾取と抑圧の権利はなかった。自由と個を尊ぶ精神は近代以前からユーラシア草原を特徴づける風土であった。むしろ、ロシア革命と中国革命によって、モンゴル人と他の遊牧民は自由と個を奪われたのである。特に中国の植民地に転落してしまったモンゴル人にとって、中国こそが抑圧者にして搾取者であった、と指摘するアメリカの「歩く歴史家」オーウェン・ラティモアの学説は正しい（Owen Lattimore, *The Mongols of Manchuria*）。

内モンゴルだけでなく、完全に独立できた外（北）モンゴルも同様であった。ロシア革命とモンゴル革命の思想的な繫がりは希薄で、「反封建」も「反帝国主義」もなかったのである（楊誠「モンゴル革命――ロシア革命の落とし子か？」）。同様に、モンゴル人と中国革命も思想の面では一切、繫がりはなかったと言っていい。

モンゴル人はユーラシアの他の遊牧民と同じように、名誉《ネル》と名声《ミンダク》、それに礼節《ヨソン》を大事にする民族である。貴族も庶民もその精神と価値観を共有していたので、中国共産党と出会った時も、相手を簡単に信じてしまった。しかし、こうした古い道徳と価値観は共産主義者よりも現実主義者兼秘密結社のメンバーたちの前では音を立てて崩壊していった。モンゴル人社会にもたらしたものは不道徳と他者への不信感、そして草原の沙漠化という環境の悪化である。これが、中国革命の結末である。

†中国革命の特徴

本書はモンゴル人が関わった中国革命について描いてきたが、その革命《ガーミン》をユーラシアの遊牧民の視点から見ると、以下三つの特徴が認められよう。

第一は、中国革命が帯びる前近代性である。中国共産党が進めた革命はその進行過程でモンゴル人だけでなく、中国人の自由と個をも否定し、市民権を剝奪した。中国内地では農民の土地を収奪して「国有化」との名目で共産党の独占化を実現させた。搾取階級とされる地主や富農は肉体的にも消滅されたし、彼らから奪った土地も決して貧しい農民に譲渡されなかった。

モンゴルの場合だと、もともと遊牧民は独立精神が強く、自由と個が尊ばれてきた。草原は太古の時代から「天の賜物」とされ、万人が平等で利用してきた。それを中国共産党は徹底的に否定し、中国内地同然に一党独裁の専制主義体制に組み込んだ。これは、モンゴル人が革命に巻き込まれた結果の一つである。

第二は、中国共産党は革命をおこなっても、中国社会特有の封建性から離脱して飛躍することはできなかった。この点は右で示した第一の特徴とも繫がるが、秘密結社に基づく対外的な閉鎖性と、モンゴルなど他民族を組み入れようとした際に用いられた手法などがその性質を物語っている。

例えば、互いの血を飲み、神前に焼香して義兄弟の契りを交わすなどは、すべて前近代的社会における秘密結社を束ねる手段である。中国共産党も長期間わたってそうした手法を駆使しながらも、それを仁義という道徳と結びつけることはなかった。あくまでも他者・他民族を騙すための便宜的な方策に過ぎなかったので、信義を守るという道義的な規範に束縛されるようなことはなかった。そうした特性から、中国共産党は建国後にいとも簡単に諸民族の自決や分離独立権の行使を認めていた過去の政策を説明もなく転換し、実態のない地域自治政策を強制したのである。政策の変更と施行に何ら道徳性を伴わなかったのも中国人共産主義者たちの特徴である。

中国の政治家は古代から徳治を理想としてきたが、実際の中国人に一番欠けているのは、徳だ、とニーチェは指摘していた（ニーチェ「善悪の彼岸・道徳の系譜」）。モンゴル人が経験した革命から中国人の精神構造について述べるならば、ニーチェの分析は正しいと首肯できる。

†パン・モンゴリズム

第三の特徴について述べよう。

ユーラシアの遊牧世界にはパン・モンゴリズムという思想的、政治的運動が十九世紀末から見られた。チンギス・ハーンとチベット仏教の精神に依拠して遊牧民をまとめ、「シナとロシアの抑圧」から諸民族を解放しようという哲学である。ある研究者の見解では、ソ連の共産主義者たちは、パン・モンゴリズムを抑え込むために、内モンゴルの民族主義者たちを極力、中国革命、中国共産党と連動させた(Rupen Robert, Mongolian Nationalism, 1958)。モンゴル人は元々民族の統一を強烈に志向していたが、ロシア人の政治判断によって遮断されたのである。というのは、ロシア人は共産主義思想を信奉するようになっても、過去にチンギス・ハーンのモンゴル帝国による支配を経験したことが、彼らの行動を束縛していた。口先では全世界のプロレタリアートは国境や民族の垣根を越えて連携できると話しながらも、モンゴル人には終始、差別的な視線を浴びせ続けた。

中国共産党は、パン・モンゴリズムの背後には日本帝国主義がある、と判断していた。共産党員たちは決して日本軍との直接対決を求めなかったものの、日本軍の力を借りて中国からの分離独立運動を目指すモンゴル人を「日本の協力者」だと罵倒した。彼らは自らが抗日の前線に行かない行為を不徳だと思わなかったどころか、逆に罌粟を栽培して国民政府の支配地とモンゴル草原に持ち込んで抗日を破壊していた。そして、モンゴル人がパン・モンゴリズムの夢を見るのも許さず、民族主義者たちを警戒し、粛清していったのである。その際の口実は、「パン・モンゴリズムを信仰するモンゴル人は日本の走狗だ」ということだった。このように、中国の革命《ガーミン》はモンゴルの民族自決を否定する、負の象徴としてモンゴル語になり、マイナスを代表する概念としてモンゴル人社会内で定着した。これを中国革命の第三の特徴と見なすことができよう。

では、このようなモンゴル人が経験した中国革命を、「パン・モンゴリズムの背後」にいた日本人はどう理解してきたのだろうか。

†偏っている日本の中国革命研究

日本人の一部、それも大アジア主義者たちはモンゴルの復興を声高に唱え、モンゴル独立を支持する、と戦前に叫んでいた。しかし、戦後になると、状況は一変した。戦後日本の研究者は自身が関わった満洲と内モンゴルでの歴史を意図的に忘却し、断絶しただけでなく、視線と研究の重点をも中国革命の正当性、共産党の道徳性に転じて、歴史修正主義を実践した。いわば、中国共産党の立場に立って、自らの植民地経験を語り、大アジア主義的思想の水脈を絶とうとしたのである。その際、多くの日本の進歩的な知識人や研究者は、中国共産党が抗日しなかった歴史を称賛し続けた。それも、直接、日本軍と戦った国民政府軍には大きな恨みがあったからだろう。共産革命を賛美する際には、中国共産党が進めてきた無数の蛮行と反人道的な行動にも理解を示した。

しかし、本書で例示してきたように、人類がアフリカから誕生してユーラシア東部に到達してからの、最大の反人道的な行為が共産革命である（クリストファー・ベックウィズ『ユーラシア帝国の興亡』）。

中国の共産主義革命家たちは一九四九年にはすでに内モンゴルを支配していた。一九四九年十二月三日に毛沢東はその地が中華人民共和国の一部であると宣言した。

東トルキスタン共和国は一九四九年の終わりに共産中国の軍が侵攻し国を占領するまで続いたが、新疆の植民地に再び組み込まれた。

中国共産党は侵略すると言ってチベットを公然と脅かしていたので、チベット人は、共産党の勢力拡大に神経質になった。……中国はこれらの国を新しい共産帝国に名目上の「自治区」として組み込んだ。それは表面的にはソビエトのシステムに基づいていたが、実際は至る所ですぐに公然と漢化政策を進め、モダニスト的近代化を強制した。それは、無神論を含むマルクス主義の協議の押しつけを意味し、中央ユーラシア諸文化がほとんど完全に破壊されるほどであった。

このように、世界の歴史学者は人類史の中の中国革命、ユーラシア規模での共産革命を位置付けようとするのに対し、日本の研究者はひたすらイデオロギー的な賛美と沈黙に終始する。今日においても、日本の大学や研究機関において、モンゴル人とウイグル人、それにチベット人が少しでも自らの立場で自民族の歴史、それも中国との関係史について研究しようとする際、常に中国共産党の先兵と化した日本人からの圧力に耐えなければならない。日本人はいつも、少数民族の研究者をみな「民族主義者で、客観的ではない」と見て抑圧する。中国共産党以上に諸民族のナショナリズムを警戒する日本人は、マイノリティの研究者を否定することで、自らの優越性を確立したいのだろう。そういう意味において、日本の中国革命史研究はすこぶる偏っていると指摘しておかねばならない。

中国共産党の歴史観ではなく、他民族の視点に立てば、まったく別の世界が広がってくることを本書は例示できた、と自負している。

あとがき

オルドス高原の最北端にオトク旗《ホショー》がある。オトク旗政府所在地のウラーンバラガスから北へ約四十キロ行ったところにシンジョー寺がある。寺の周辺には平均標高千五百メートルの高地草原が広がっている。一九九〇年代初頭までは中国人は一人もいなかったが、その後は入植が激しく、草原も沙漠となりつつある。中国人はどこに行っても、あいかわらず現地の環境を一切無視して畑を切り開くので、沙漠は目に見えて増えてきた。

シンジョー寺の西南側には雄大なアルバス山脈が南北に横たわっている（写真79）。かつて十三世紀には野生馬、すなわち「蒙古野馬」あるいは「プルジェワリスキーウマ」が大群を成して生息していた、自然環境の豊かな地である。しかし、最近では山中に発見された炭鉱の開発に伴い、中国人労働者が建てた、殺風景な小屋があちらこちらに散見される地獄絵図が展開されている。

このアルバス山中にアルジャイ石窟がある。アルジャイ石窟は北魏時代から造営が始まった

写真 79　オルドス高原の最高峰アルバス山のウランドゥシ岳

石窟寺院で、モンゴル帝国時代の壁画とモンゴル語題辞、それにチベット語の題辞などが残っており、中国の重要文化財に指定されている（楊海英『モンゴルのアルジャイ石窟』）。二〇〇三年八月三日、私はアルジャイ石窟の仏教壁画の調査研究をおこなっていた折に、付近の洞窟をついでに調べようと思い立った。

アルジャイ石窟の近く、ノゴンダイ・ガチャーという地にグシェーン・アグイという洞窟がある。このグシェーン・アグイ洞窟には仏教の壁画こそなかったものの、ミイラが一体、残っていた。近くのモンゴル人に尋ねたら、「ハルジャーダイが眠っている」と言われた。ハルジャーダイとは、一九五〇年春に蜂起した、オルドスのウーシン旗のモンゴル軍の一人である。洞窟の奥には軍人用の鉄製の湯飲みと薬莢が散乱していた。オルドス高原は乾燥しきっているので、ミイラの保存状態も良かった。しかし最近、炭鉱からの煙で汚染されるにつれ、腐敗が進んでいる、と地元の牧畜民は証言する。ハルジャーダイも「反革命分子」とされたので、子孫たちも怖くて遺体を収容することもできないで今日に至ったのである。そういう意味で、モンゴル人にとって、中国革命がもたらした後遺症はまだ癒されていないのである。

ハルジャーダイが眠る洞窟から遠い南東のウーシン旗までは平らな草原が広がり、ところどころに尻無河《しりなし》（季節河）が流れていた。河に沿うように、かつてはエーデルワイスが咲き乱れていた地だったが、草原の沙漠化が進むにつれ、この「白い花」も完全に姿を消してしまった。名誉と名声、それに礼節を何よりも重んじるモンゴル人の思想が中国革命に取って代わられたのと同じように、エーデルワイスも記憶の彼方へと消えて行ってしまったのである。

本書は私が最も書きたかったテーマの一つである。二十世紀におけるモンゴル人の歴史を、モンゴル人の視点で書くのが、私の使命である。私たちモンゴル人の歴史は決して他人の歴史ではないし、ましてや「中国革命史の一部」ではない。自分たちの歴史について、自分たちが一番、語る権利を有している、と思っているモンゴル人たちのために書いたものである。モンゴル人の歴史を自国史の一部と見なす中国の目論見とは別の、草原の歴史観が本書には織り込まれている。

本書の出版は筑摩書房ちくま新書編集長の松田健さんのご理解とご尽力の下で実現したものである。この場を借りて、松田健さんに衷心より謝意を伝える。

二〇一八年六月

楊海英

参考文献

日本語

石浜裕美子『清朝とチベット仏教』早稲田大学出版部、二〇一一年。

梅棹忠夫「日本探検（第二回）　綾部・亀岡――大本教と世界連邦」『中央公論』三月号、一九六〇年。

――「回想のモンゴル」『梅棹忠夫著作集　第二巻　モンゴル研究』中央公論社、一九九〇年。

加藤徹『西太后――大清帝国最後の光芒』中公新書、二〇〇五年。

川島真『近代国家への模索　1894-1925〈シリーズ中国近現代史2〉』岩波新書、二〇一〇年。

クリストファー・ベックウィズ『ユーラシア帝国の興亡』筑摩書房、二〇一七年。

沢田勲『匈奴』東方書店、一九九六年。

杉山清彦『大清帝国の形成と八旗制』名古屋大学出版会、二〇一五年。

橘誠『ボグド・ハーン政権の研究――モンゴル建国史序説 1911-1921』風間書房、二〇一一年。

――「モンゴル革命――ロシア革命の落とし子か?」『アリーナ』第二十号、二〇一七年。

田淵洋子「史料紹介・内モンゴル人民共和国臨時政府樹立宣言及び憲法」『東北アジア研究』十二、二〇〇八年。

出口京太郎『巨人　出口王仁三郎』講談社、一九六七年。

ドムチョクドンロプ『徳王自伝』岩波書店、一九九四年。

ニーチェ「善悪の彼岸・道徳の系譜」『ニーチェ全集』第十巻、一九六七年、理想社。

ハイシッヒ『モンゴルの歴史と文化』岩波書店、一九六七年。

包慕萍『モンゴルにおける都市建築史研究――遊牧と定住の重層都市フフホト』東方書店、二〇〇五年。

宮脇淳子『モンゴルの歴史』刀水書房、二〇〇二年。

森安孝夫『興亡の世界史05　シルクロードと唐帝国』講談社、二〇〇七年。

楊海英・新間聡『チンギス・ハーンの末裔』草思社、一九九五年。

楊海英『草原と馬とモンゴル人』NHKブックス、二〇〇一年。

――『モンゴル草原の文人たち』平凡社、二〇〇五年。

――『蒙古源流――内モンゴル自治区オルドス市档案館所蔵の二種類の写本』風響社、二〇〇七年。

――『モンゴルのアルジャイ石窟――その興亡の歴史と出土文書』風響社、二〇〇八年。

――『墓標なき草原』(上・下)岩波書店、二〇〇九年。

――『続　墓標なき草原』岩波書店、二〇一一年。

――『モンゴルとイスラーム的中国』文春学藝ライブラリー、二〇一四年。

――『中国とモンゴルのはざまで――ウラーンフーの実らなかった民族自決の夢』岩波現代全書、二〇一三年。

――『チベットに舞う日本刀』文藝春秋、二〇一四年。

――『日本陸軍とモンゴル――興安軍官学校の知られざる戦い』中公新書、二〇一五年。

――『モンゴル人の民族自決と「対日協力」』集広舎、二〇一六年。

――『「中国」という神話――習近平「偉大なる中華民族」のウソ』文春新書、二〇一八年。

――『最後の馬賊――「帝国」の将軍・李守信』講談社、二〇一八年。

吉田順一ほか共訳注『「アルタン＝ハーン伝」訳注』風間書房、一九九八年。

中国語

巴図敖其爾　曹宗有「国際共産主義戦士奥西洛夫同志在阿拉善被害経過」『阿拉善往事』(上)寧夏人民出版社、二〇〇七年。
白進宝『烏審風雲――烏審旗922事件』中共烏審旗委員会党史資料征集弁公室、一九八四年。

白希『開国大鎮反』中共党史出版社、二〇〇六年。
曹志堅「継桐渓和弓富魁的政治活動見聞」中国人民政治協商会議内蒙古自治区委員会文史資料研究委員会『内蒙古文史資料』第二十三輯、一九八六年。
道爾吉寧布（憶述） 王慶富（整理）『奇国賢之死與奇金山起義』中国人民政治協商会議内蒙古自治区委員会文史資料研究委員会『内蒙古文史資料』第四三輯、一九九一年。
関鐘麟「記蔣雁行任綏遠都統期間的幾件事」中国人民政治協商会議内蒙古自治区委員会文史資料研究委員会『内蒙古文史資料』第五輯、一九六六年。
韓文奇「伊盟支隊的建立、成長及主要戦績」中共伊盟盟委党史資料征集弁公室『伊盟革命闘争史料』第一輯、一九八三年。
何方『従延安一路走来的反思』（上・下）香港明報出版社、二〇〇八年。
何知文「奇玉山的一生」中国人民政治協商会議内蒙古伊克昭盟委員会文史資料研究委員会編『伊克昭文史資料』第三輯、一九八八年。
洪振快「延安時期的〈特産〉貿易」『炎黄春秋』第八期、二〇一三年。
吉布『唐卡中的度母、明妃、天女』陝西師範大学出版社、二〇〇六年。
李知非「伊克昭盟〝三・二六〟事変的一些回憶」中国人民政治協商会議内蒙古自治区委員会文史資料研究委員会『内蒙古文史資料』第十輯、一九八三年。
李志高 王文光「伊盟事変初探」中共伊盟盟委党史資料征集弁公室『伊盟革命闘争史料』第二輯、一九八三年。
李克仁「陳長捷殺害奇国賢的経過」中共伊盟盟委党史資料征集弁公室『伊盟革命闘争史料』第二輯、一九八三年。
梁継祖「隆盛荘軼聞鈎沈」中国人民政治協商会議内蒙古自治区委員会文史資料研究委員会『内蒙古文史資料』第三十三輯、一九八八年。
劉映元整理『李守信自述』中国人民政治協商会議内蒙古自治区委員会文史資料研究委員会『内蒙古文史資料』第二十輯、一九八五年。

劉璧「戦闘的歴程」中国人民政治協商会議内蒙古自治区委員会文史資料研究委員会『烽火歳月――内蒙古文史資料』第二十輯、一九九一年。
――「難以忘却的記憶」中国人民政治協商会議内蒙古自治区委員会文史資料研究委員会『内蒙古文史資料』第四八輯、一九九五年。
毛沢東文献資料研究会『毛沢東集』北望社、一九七〇年。
那順巴図「蒙族代表団参観延安」中共伊盟盟委党史資料征集弁公室『伊盟革命闘争史料』第三輯、一九八四年。
内蒙古公安庁公安史研究室『解放戦争期内蒙古東部地区公安工作大事記述』、一九八六年。
敖其爾巴図『徳王之子敖其爾巴図』蘇尼特右旗文史資料第七輯、二〇一〇年。
奇世勲（Nasunbayar）「陳長捷殺害奇国賢之我見」中国人民政治協商会議内蒙古自治区委員会文史資料研究委員会『内蒙古文史資料』第十九輯、一九八五年。
奇世英（Yungrungnorbuu）「烏審旗抗墾事件回憶」中国人民政治協商会議内蒙古自治区委員会文史資料研究委員会『内蒙古文史資料』第四十三輯、一九九一年。
銭林豹『解放戦争期内蒙古騎兵』内蒙古大学出版社、一九八九年。
薩楚日勒図『鄂爾多斯革命史』（上・下）内蒙古人民出版社、二〇〇六年。
台湾国史館所蔵『蔣中正総統文物』内「種々不法罪行」（民国廿五年五月三日、No. 002090300017208）。
台湾国史館「各省高級人員調査報告」（民国三十二年二月二十日、No. 129000047852A）。
台湾国史館『総統文物・積極治辺・五』一九四三年四月十九日、楡林鄧宝珊電蔣中正（No. 002090102000016301）。同一九四三年四月二十日傅作義電蔣中正（No. 002090102000016308）。
台湾国史館『総統文物』、陳長捷電蔣中正、民国三十二年六月二十三日（No. 002090102016232）。
台湾国史館『総統文物』「積極治辺・五」「楡林鄧宝珊発至重慶蔣委員長電」、民国三十二年四月二十四日（No. 002090102000012172）。
台湾国史館『蔣中正総統文物』「種々不法罪行・一」「西安胡宗南密電」、民国三十一年六月三日（No. 0020903000181

30)。
台湾国史館『総統文物』「積極治辺・五」傅作義従陝垻電蔣中正、民国三十四年一月二十二日（No. 002090300002071 99)。

台湾国史館「国民政府文官処人事登記巻56323」一九四三年二月二十日（No. 129000047852A)。

佟靖仁　鴻飛　鴻霞『塞北新城的満族』内蒙古人民出版社、一九九七年。

烏嫩斉　奇沢華『騎兵五師』内蒙古人民出版社、一九九四年。

王慶富「哈諾墨拉伝略」中共伊盟盟委党史資料征集弁公室『伊盟革命闘争史料』第二輯、一九八三年。

伊克昭盟档案館編『伊盟事件資料匯編』（一～三輯）内蒙古伊克昭盟档案館、一九八五年。

延光先「一九三六年的陝北中央巡視団」中共伊盟盟委党史資料征集弁公室『伊盟革命闘争史料』第三輯、一九八四年。

雲沢＝烏蘭夫「悼念哈諾墨拉、控訴十八年来国民党内反動派圧迫蒙古民族的罪行」中共伊盟盟委党史資料征集弁公室『伊盟革命闘争史料』第二輯、一九八三年。

雲祥生「当年鏖戦急」中国人民政治協商会議内蒙古自治区委員会文史資料研究委員会『烽火歳月――内蒙古文史資料』第二十輯、一九九一年。

札奇斯欽『我所知道的徳王和当時的内蒙古　二』東京外国語大学アジア・アフリカ言語文化研究所、一九九三年。

張秉義　何知文「西烏審起義前後」中共伊盟盟委党史資料征集弁公室『伊盟革命闘争史料』第二輯、一九八三年。

趙会山「対伊盟解放初期幾項主要工作的回顧」中国人民政治協商会議内蒙古自治区委員会文史資料研究委員会『内蒙古文史資料』第四八輯、一九九五年。

中共烏審旗委党史志弁公室編印『烏審旗史志資料』第一輯、一九八六年。

――『烏審旗史志資料』第三輯、一九八九年。

中共中央統戦部『民族問題文献匯編』中共中央党校出版社、一九九一年。

中共烏審旗委党史資料征集弁公室編印『烏審旗革命史資料』第二輯、一九八四年。

モンゴル語・英語

Baabar, *History of Mongolia, from World Power to Soviet Satellite*, University of Cambridge, 1999.

——, *Almanac History of Mongolia*, Nepco Publishing, Ulaanbaatar, 2016.

Khatagin Čaγandung, *Minu medejü bayikhu Či Iüi Šan-u γool bolkhu teüke-yin učir yabudal-un tukhai*, Üüsin Qosiγun-u soyul teüke-yin material（ハタギン・チャガンドン「私の知っている奇玉山の主要事績」『ウーシン旗文史資料』三）, 3, 1986.

——, *1948 on-du Yeke Juu ayimagh-tu γaruγsan kereg khubiskhal-un jergečige üyes-iyer orusin-du γaruγsan jebdegtü bosulγ-a-yin tukhai*, Üüsin Qosiγun-u soyul teüke-yin material（ハタギン・チャガンドン「１９４３年ウーシン旗事変」『ウーシン旗文史資料』13）.

Owen Lattimore, Origins of the Great Wall of China, in *The Geographical Review*, Vol. XXVII, no. 4, 1937.

——, *The Mongols of Manchuria*, New York, Howard Fertig, 1969.

Rupen Robert, Mongolian Nationalism, in *Journal of Royal Central Asian Society*, Vol. 45, 1958.

ちくま新書
1364

モンゴル人《じん》の中国革命《ちゅうごくかくめい》

二〇一八年一〇月一〇日　第一刷発行

著者　楊 海英（よう・かいえい）

発行者　喜入冬子
発行所　株式会社 筑摩書房
東京都台東区蔵前二-五-三　郵便番号一一一-八七五五
電話番号〇三-五六八七-二六〇一（代表）
装幀者　間村俊一
印刷・製本　株式会社 精興社

ISBN978-4-480-07182-8 C0222

1342
世界史序説 ——アジア史から一望する
岡本隆司

ユーラシア全域と海洋世界を視野にいれ、古代から現代までを一望。西洋中心的な歴史観を覆し、「世界史の構造」を大胆かつ明快に語る。あらたな通史、ここに誕生！

1019
近代中国史
岡本隆司

中国とは何か？ その原理を解く鍵は、近代史に隠されている。グローバル経済の奔流が渦巻きはじめた時代から、激動の歴史を構造的にとらえなおす。

1080
「反日」中国の文明史
平野聡

文明への誇り、日本という脅威、社会主義と改革開放、矛盾した主張と強硬な姿勢……。驕る大国の本質を悠久の歴史に探り、問題のありかと日本の指針を示す。

1258
現代中国入門
光田剛編

あまりにも変化が速い現代中国。その実像を政治史、文化、思想、社会、軍事等の専門家がわかりやすく解説。歴史から最新情勢までバランスよく理解できる入門書。

1345
ロシアと中国 反米の戦略
廣瀬陽子

孤立を避け資源を売りたいロシア。軍事技術が欲しい中国。米国一強の国際秩序への対抗……。だが、中露蜜月の舞台裏では熾烈な主導権争いが繰り広げられている。

1223
日本と中国経済 ——相互交流と衝突の一〇〇年
梶谷懐

「反日騒動」や「爆買い」は今に始まったことではない。近現代史を振り返ると日中の経済関係はアンビバレントに進んできた。この一〇〇年の政治経済を概観する。

1185
台湾とは何か
野嶋剛

国力において圧倒的な中国・日本との関係を深化させる台湾。日中台の複雑な三角関係を波乱の歴史、台湾の社会・政治状況から解き明かし、日本の針路を提言。